はじめに

　コケは一番身近にある植物です。普段よく使う道路のアスファルトの隙間や民家の石垣、また少し郊外に行けば、林やキャンプ場の周りにもたくさん見ることができます。

　とくに山に行き、鮮やかな緑のコケが生えている景色を見たときは、一瞬で心が癒されます。そしてそのとき、コケの傍で山野草が咲いていたら感動するに違いありません。

　そのとき、この素敵な景色を少しでも自宅に再現できたらと思う方も多いことでしょう。

　本書はその癒しの空間を身近な場所につくるための手引書です。本書をお読みいただいた方々が、今よりもっとコケを身近に感じていただけたら幸いです。

大野好弘

コケを楽しむ庭づくり
豊富な植栽例と植えつけの実際、美しく保つコツ
目　次

はじめに……………………………………………………………………………2

Part 1 コケのある庭 実例集
老舗薬局の中庭を飛び石とともに艶やかな緑で覆う……………8
シーサーが守る幾何学模様が美しいコケの庭……………… 12
作庭家が自宅につくった茶庭でせめぎ合うコケたち……… 16
コケむした木々のある自然と融合した湯治場の庭…………… 18
雑木の木陰の渓流の流れる中で青々と広がるコケの庭……… 20
山野草愛好家が手塩をかけてつくった雑木に囲まれた庭…… 22
翠輝き、花開く秘密の苔庭………………………………… 24
素心園 地元のコケと山野草を使った庭 ………………… 26
レトロな人研ぎ流しにつくる小さなロックガーデン………… 28
蓼科バラクライングリッシュガーデンのコケを使った
　　　　　　　　　　　　　テラコッタポット……… 30

Part 2 庭植えに適するコケ30図鑑
コケ図鑑の読み方………………………………………… 32
タマゴケ…………………………………………………… 33
カマサワゴケ……………………………………………… 34
ホソバオキナゴケ………………………………………… 35
アラハシラガゴケ………………………………………… 36
カガミゴケ………………………………………………… 37
ナガヒツジゴケ…………………………………………… 38
ハイゴケ…………………………………………………… 39
スナゴケ…………………………………………………… 40
トヤマシノブゴケ………………………………………… 41
ヒジキゴケ………………………………………………… 42
コツボゴケ………………………………………………… 43
ケチョウチンゴケ………………………………………… 44
ツルチョウチンゴケ……………………………………… 45
コバノチョウチンゴケ…………………………………… 46

カモジゴケ	47
シッポゴケ	48
オオシッポゴケ	49
シシゴケ	50
ウマスギゴケ	51
セイタカスギゴケ	52
コスギゴケ	53
ナミガタタチゴケ	54
ホソホウオウゴケ	55
フジノマンネングサ	56
ホソバミズゼニゴケ	57
ネズミノオゴケ	58
クロカワゴケ	59
ホソバミズゴケ	60
ジャゴケ	61
キブリナギゴケ	62

Part 3 コケと一緒に楽しめる山野草＆シダ

半日陰でコケと一緒に楽しめる山野草＆シダ……………… 64
ユキワリイチゲ　トキワイカリソウ　アヤメ　シラン
イワカガミ　ミゾカクシ………………………………………… 64
コケモモ　ヒメサユリ　ウメバチソウ　ホタルブクロ　ガマ… 65
ミソハギ　ススキ　ソバナ　キキョウ　カライトソウ
イトラッキョウ　ツルボ　オシダ……………………………… 66
明るい日陰でコケと一緒に楽しめる山野草＆シダ………… 67
イワウチワ　オオミスミソウ（雪割草）　シュンラン
ショウジョウバカマ　フタリシズカ…………………………… 67
セリバオウレン　アゼナルコ　ヤブレガサ　カキドオシ
ウチョウラン　トリアシショウマ……………………………… 68
イワシャジン　ギボウシ　ホトトギス　ササリンドウ
ウラハグサ　コシダ　ゼンマイ　マツザカシダ……………… 69
一日中日陰でコケと一緒に楽しめる山野草とシダ ………… 70
シャガ　ユキノシタ　ヤマアジサイ　マイヅルソウ
カンアオイ　ツリフネソウ……………………………………… 70
イワタバコ　ダイモンジソウ　タマアジサイ
ヤブラン　ヒメミヤマウズラ　ヤブコウジ　ツワブキ……… 71

シノブ　ハコネシダ　クジャクシダ　トウゲシバ　ヒトツバ
　　　コンテリクラマゴケ　ニシキシダ　クサソテツ……………… 72

Part 4 日本とイギリスの大自然に学ぶコケの美
　　温泉好きなチャツボミゴケ…………………………………… 74
　　まほろばの森 蓼科大滝 ……………………………………… 78
　　ブラントウッドのラスキンズチェアー………………………… 82
　　ニュービーブリッジの森……………………………………… 86
　　シルバーデールの石垣………………………………………… 90
　　ゲートバローズの石切り場…………………………………… 92
　　イギリスのコケ図鑑…………………………………………… 96

Part 5 コケ栽培の基本＆コケ庭のつくり方
　　コケ栽培の基本………………………………………………… 98
　　コケの採集と処理……………………………………………100
　　コケ庭のつくり方１　野草の咲く秘密の苔庭 ………………102
　　コケ庭のつくり方２　地元のコケと山野草を使った庭 ……106
　　コケ庭のつくり方３　蓼科バラクライングリッシュガーデンの
　　　　コケを使ったテラコッタポット……………………………110
　　コケ庭のつくり方４　レトロな人研ぎ流しにつくる
　　　　小さなロックガーデン………………………………………112
　　さまざまな環境に適応してたくましく生きるコケ……………116
　　さまざまな方法で増えるコケのライフスタイル………………117
　　３つに分かれるコケの分類と異なる体の仕組み ………………118
　　コケに関する悩みと疑問Ｑ＆Ａ………………………………120
　　コケの生産地リポート…………………………………………122
　　コケ販売ガイド　本書で紹介したコケの庭ガイド……………124
　　コケの観察ができる場所………………………………………125
　　コケ図鑑索引……………………………………………………126
　　あとがき　クレジット…………………………………………127

Part1

コケのある庭 実例集

1	2

1：金臼を中心に広がるコケの絨毯。
2：手前から奥に緩やかな勾配がついている。

パート1　コケのある庭実例集

老舗薬局の中庭を飛び石とともに艶やかな緑で覆う

　新潟県柏崎市に老舗石川薬局はあります。戦前よりある古き白壁の蔵と薬局の間に、そのコケ庭はあります。コケ庭は薬局が新しく建て替えられたときにつくられました。薬局と蔵とは町屋づくりのように細い廊下で結ばれています。

　蔵の1階は時代を感じさせるオルガンがあり、2階はモダンなアトリエ空間になっています。また、薬局の2階にはグランドピアノのあるコンサートホールになっています。そんな素敵な空間の一部に、そのコケ庭はあり、緑の絨毯が広がる癒しの場でもあります。

　コケ庭にはツバキ、ノムラモミジ、ヤマモミジ、アセビ、ミツバツツジが植えてあり、四季それぞれに花と若葉などが色づいて、見

パート1 コケのある庭実例集

1	2	3
	4	

1：上から見たコケ庭。
2：踏み石の周りにはシッポゴケやカモジゴケが植えられている。
3：下臼の中にはコケが生えている。
4：雨で濡れたコケは艶やかに光る。

る人の目を楽しませてくれます。
　庭の中心には金臼（きんうす）があります。金臼とは佐渡金山で金鉱石を砕くときに使われた鉱山臼のことです。その臼の上臼には非常に硬いメノウの結晶が入っている吹上海岸の石が使われました。その上臼が庭にあり、周りにはハイゴケやシッポゴケ、ホソバオキナゴケ、カモジゴケが植えてあります。
　また彩りとしてミントグリーンのアラハシラガゴケが植えられています。踏み石には御影石や浅間石が配置されていて水鉢もあります。この日は雨に濡れ、いっそう苔緑鮮やかなコケ庭でした。
作庭者：畠 弥真人（はた やまと）（藍庭）

シーサーが守る
幾何学模様が美しい
コケの庭

　新潟県柏崎市にある古川邸のコケ庭は、平成25～26年に同地区にある素心園（そしんえん）の三宮順次氏（さんぐう）がデザインし、4回手を加えてつくりあげました。そのコケ庭は前面にある道路より少し上がった場所で、水はけがよい環境にあります。

　コケ庭に植えてある樹木は、イロハモミジ、

ヒヨクヒバ、イヌマキ、コウヤマキ、オンコ、サザンカ、ハクモクレン、キンモクセイ、ブンゴウメ、シャクナゲなどです。コケ庭のうしろには一面ヒカゲノカズラが生える斜面が広がり、風除けにもなってます。
　コケ庭には石灯籠や蹲(つくばい)、などが配置され、奥行きを深く見せるため三角に通路を通して

1：コケ庭の全景。奥行きのある空間が広がる。
2：石臼の中のシーサー。

パート1 コケのある庭実例集

1	2	
	3	4

1：存在感のある大きな葉のオオバギボウシ。尖った葉先の形と通路の形が同じで調和する。
2：蹲のそばに咲くマツモトセンノウ。
3：水分を含み色鮮やかになったハイゴケ。
4：石灯籠の上にはコケが自然に生える。

あります。通路のコンクリートにはアクセントとして荒削りの石が埋め込まれています。中央にはオオバギボウシが植えてあり、その側にある立てた石臼の中には、庭の守り神のように煉瓦色のシーサーが置かれています。

庭に使われているコケの種類は3種類で、蹲の周りにはシッポゴケが植えてあります。広いメインの場所にはスギゴケとハイゴケが混植し、厚みのあるフカフカした状態です。そのフカフカのコケの中からは丁度、ピンク色のミズカクシの花が顔をだしていました。なかなか最近見ることのできない野草に出会えた素敵なコケ庭です。

作庭者：三宮順次（素心園）

作庭家が自宅につくった茶庭でせめぎ合うコケたち

さいたま市で作庭活動を行う高橋良仁さんは、茶道石州流の師範です。18年前、自宅を建てる際に茶室をつくり、瑞鳳庵と名づけました。茶室へ続く露地は二重露地になっていて中門の手前は外露地、内は内露地で全体をコケで覆いました。

こだわったのは茶室の前の石積みです。竹垣や植栽ではどうしても出せない幽玄な雰囲気が、重量感のある石積みによって表現できました。

作庭当初はオオスギゴケだけでしたが、時間の経過につれて地元のコケが混じるようになり、あとから植えたホソバオキナゴケ、コツボゴケ、カモジゴケ、ハイゴケなどがせめぎ合うようになりました。その力のバランスは微妙に変化しているようで、場所に適合した種類が勢力を伸ばし、弱いものは消えるか他方向に移動します。

作庭者：高橋良仁（庭良）

1	4
2	3	5

1：茶室の向かいの石積みが背景となり幽玄な雰囲気をかもし出す。
2：中門へ続く内露地の様子。竹の柱は雨どい。
3：露地に打った飛び石がコケに埋もれなじんでいる。
4：内露地から中門へ行く様子。門を入った左に茶室がある。
5：4種類のコケが自分の領域を広げるためにせめぎ合っている。

コケむした木々のある自然と融合した湯治場の庭

パート1 コケのある庭実例集

　天狗伝説として有名な神奈川県大雄山の中腹に「modern 湯治 おんりーゆー」はあります。都心から近く、日帰り温泉としても人気の高い施設です。源泉は地下1500メートルから湧き出た単純硫黄泉。pH.9.5のアルカリ性の泉質は美肌の湯としても知られています。クヌギなどの雑木に囲まれた開放的な露天風呂からは広い空が、夜にはきれいな星空を見ながらゆっくり森林入浴ができます。

　ここには温泉のほか、四季折々に咲く山野草や、目に優しい緑を観ながらの森林浴ができる庭があります。この庭は渓流沿いにあり、自生していたクヌギやコナラを活かし、その周りにオーナーである櫻井会長が大好きな、エビネやイカリソウなどいろいろな種類の山野草がたくさん植えられています。木々や岩は鮮やかなコケをまとい、観ているだけで癒されます。デッキの中央には、昨年の夏、私がデザイン施工した雪割草を主にコケと山野草を配した"癒しの庭"もあります。コケを観て、美肌の湯に浸かるのも至福の瞬間です。

1	4
2	5
3	6

1：自然の中でゆっくりとくつろぐことができるハンモックのデッキ。
2：大きな岩にはハイゴケやノキシノブが生えている。
3：渓流沿いに生えているコケむしたヤマモミジ。
4：切株にはホソバオキナゴケなどが生えている。
5：クヌギの幹にトヤマシノブゴケとハイゴケ、ノキシノブが生えている。
6：modern 湯治 おんりーゆー　神奈川県南足柄市広町1520-1 TEL 0465-72-1126
詳しくはP124参照。

パート1　コケのある庭実例集

1｜2

1：静寂の中にせせらぎが聞こえる。渓流の水は井戸水を汲み上げて使用。
2：居心地よさそうにコケの中から白花を咲かせるオオバナノエンレイソウ。4月下旬。

雑木の木陰の渓流の流れる中で青々と広がるコケの庭

　信州小布施町の老舗栗菓子店直営のお食事処、泉石亭の敷地に広がる旧商家の面影を残す和風庭園です。300平方メートルにおよぶ庭にはイロハモミジやヤマモミジなど、雑木が植えられていて、茂みの奥から渓流が流れます。

　庭を覆うコケはハイゴケを中心にスギゴケ、ホソバオキナゴケ、ハネヒツジゴケなど、ほかにもギボウシやシダや季節折々に咲き競い、食事客の目を楽しませてくれる山野草50種類が植えられています。うれしいことに、小布施町が行っているオープンガーデンに参加しているので、だれでも庭の通路から観ることができます。

＊泉石亭は雪のある時期は店内からの観賞のみ。冬期は藁ぼっち、虫とりなど、冬の景が楽しめます。
桜井甘精堂・泉石亭　長野県上高井郡小布施町大字小布施中町 779　TEL 026-247-5166
詳しくはP124 参照。

山野草愛好家が
手塩をかけてつくった
雑木に囲まれた庭

　東京町田市に住む前島光恵さんは雑木と山野草が大好きで、コナラやイロハモミジ、イヌシデなどの高木とナツハゼやコバノズイナ、カマツカ、ツリバナなどの中低木を自分の好きな配置に植えて楽しんでいます。

　木の根元や岩の周りには、自分で好きな山野草を植え込みました。それも何層にも重ね

ておびただしい数に上ります。そのために四季を通じて花が絶えることがありません。

　コケは造成当時植えたものはすぐ消えてしまい、その後自然に生えたアオギヌゴケとハネヒツジゴケが中心です。減少すると地元で採取して足していましたが、最近周辺では土地開発が進んで自生地がなくなりつつあります。

1：この庭を絵画に例えるとコケは輪郭をぼかす大切な役割を果たしている。

2：コケの調子のよい年は気持ちよく岩や地面を覆いつくす。

翠(みどり)輝き、花開く
秘密の苔庭

　ラ・カスタガーデンは長野県の安曇野にある素敵なガーデンです。美しく澄んだ池のあるウォーターガーデン、たくさんの山野草が植えられた水の流れるロックガーデン、珍しいコニファーが群植されているコニファーガーデンなどのほか、多様なデザインの素敵なガーデンがあります。
　今回私は、その中のヒドゥンガーデンに、コ

パート1 コケのある庭実例集

ケと山野草を使った小さなお庭をつくりました。ヒドゥンガーデンとは秘密の庭という意味で、その秘密の庭の一番奥に今回つくるスペースはあります。このラ・カスタガーデンは冬季を除き一年中お客様が来園されます。このことを考えて、一年を通して山野草の花とコケを一緒に観ることのできる庭づくりにしました。

1	2
	3
	4

1：完成6日後。山野草が落ち着いて、つぼみが開く。
2：造成前の状態。背後の要らない植木と岩は整理する。
3：完成直後の庭。大きな岩や流木を配置して山野草を植え込んだ。
4：季節の美しい草花が咲き誇るウォーターガーデン。

＊ラ・カスタガーデンに来園の際は予約が必要です。詳しくはP124参照。
＊作業工程の詳細はP102に掲載。

素心園
地元のコケと
山野草を使った庭

　山野草生産が盛んな新潟県の柏崎市に素心園はあります。園主は几帳面で優しい庭師の三宮順次さんです。冬季は雪割草を育て、春から秋まではコケを使った庭などの造園をしています。またコケの生産とメダカの増殖も行っています。屋号にある素心は園芸用語で「白色、緑色からなる」、「色素のない」ことを意味します。

パート1 コケのある庭実例集

今回はその素心の山野草と開花期の違う山野草を使い、コケと山野草の庭をつくりました。

コケはこの地域にも自生している背の高いシッポゴケなど、山野草は素心のフジバカマやクガイソウ、白実のマンリョウを。アクセントに銅葉のバイカツツジや青葉のヒメシャクナゲなど、斑入りの植物を使いました。

	2
1	3
	4

1：完成した庭。石像や石灯籠と積み重ねた資材をそのまま背景とした。
2：造営前の事務所前の資材置き場。樹木はイロハモミジを追加した。
3：完成6日後。つぼみだったサクユリが咲いた。
4：竹で囲って砂利を敷き、コケで覆った寄せ植えを置いた小庭。

＊作業工程の詳細はP106に掲載。

パート1 コケのある庭実例集

1：この方法なら狭い場所や庭がなくてもコケと山野草を楽しむことができる。
2：溶岩を積み上げて粘着性があるけと土と赤玉土を混ぜたもので固定する。

レトロな人研(じんと)ぎ流しにつくる小さなロックガーデン

　今は使っていない、昭和によく見かけた人研ぎ流しに、コケと山野草を使い小さなロックガーデンをつくりました。小さな流しに溶岩を積み上げ高さを出し、石の隙間を利用することで、いろいろな種類の植物を植えることができます。

　流し部分には、ヒメヤバネススキ、フジバカマ、ハコネギク、マユミ、などを配し、コケは水が好きなコツボゴケ、溶岩の周りにはハイゴケ、岩肌にはトヤマシノブゴケと生育環境に合った3種類のコケを植え込みました。溶岩の間には自生地でも一緒に生えている、イワシャジンとウラハグサを植えました。爽やかな秋風に揺れるイワシャジンの青紫色の花は、ひときわ秋の訪れを感じさせます。

＊「人研ぎ」とはセメントに小粒の石を混ぜてつくる人造石で、これを使った流し台は昭和中期まで当たり前のようにあった。

＊作業工程の詳細はP112に掲載。

この作品は 28th バラクラフラワーショー寄せ植え芸術展において校長賞とゴールドメダルを受賞。作業工程の詳細は P110 に掲載。ガーデンの情報は P124 参照。

蓼科バラクラ イングリッシュガーデンの コケを使ったテラコッタポット

　長野県の蓼科高原にあるイングリッシュガーデンを日本中に広めた庭。イギリスから来日したガーデナーがつくり出す本格的なイングリッシュガーデンとして名高い名園で、入り口近くのゴールデンアカシアや庭中に植えられているアメリカアジサイのアナベルは、ここから人気が広まりました。ここに私が勤めていた際につくったスクリーガーデン（山の斜面の岩場のような庭）が今でもあります。

　今回は味のあるテラコッタ、朽ちた枕木、アジサイの'藍姫（あいひめ）'など、庭の周りに生えている植物やコケを使って、テラコッタに小さなコケの庭をつくりました。

Part2

庭植えに適するコケ 30図鑑

コケ図鑑の読み方

日本にコケは2千種あるといわれています。本章では、このうち庭に植えて楽しむことのできるものを30種選んで紹介しました。コケを庭に植えて楽しむ方の増加にともない、最近では各地で生産が行われるようになっています。紹介した30種類のうち園芸店や通信販売で買うことができるものもあれば、採集して使うものもあります。採集する場合は、植物等の採集が禁止されている場所ではないことを確認すること。そうでない場合は土地の持ち主の許可を得てから採集するようにしてください。

【データの読み方】

栽培難易度	■	容易
	■ ■	ふつう
	■ ■ ■	難しい
日当り	●	日陰を好む
	● ●	ふつう
	● ● ●	半日陰を好む
温度	▲	耐暑性がない
	▲ ▲	ふつう
	▲ ▲ ▲	耐暑性がある
湿度	💧	比較的乾燥を好む
	💧 💧	ふつう
	💧 💧 💧	湿り気を好む

Bryum marginatum（ハリガネゴケの仲間）　ジョン・サワビー 1847年

Bartramia pomiformis

タマゴケ
【玉苔】

明るい緑色で7ミリほどの細く尖った針状の葉を放射状につける。茎の高さは5センチ前後。丸いコロニー状の塊で、崖や斜面の乾燥気味なところに生える。胞子は丸くはじめは緑色。熟すとだんだんと中心から赤味を帯びてくる姿が愛らしい。海外では胞子の形や色が青リンゴに似ていることから、アップルモス（リンゴゴケ）と呼ばれている。半日陰を好み、直射日光下では枯れてしまう。

特徴的な丸い胞子は可愛くコケの中でも人気がある種類。生長が遅いため流通量は少ない。庭での栽培は配置した流木や岩に仮根を純度100パーセントのシアノアクリレート系ボンドでつけて栽培する。比較的乾燥には強いが、午後の西日の日差しによる乾燥は避け、午前中だけ日が当たるようにする。気温が上昇する季節には木や草の陰になるようにタマゴケの近くに植栽するとよい。水に浸かることを嫌うため、なるべく水際近くは避ける。日本全土、北半球に分布する。

※コケの配列は植物分類学に従った。

Philonotis falcata

カマサワゴケ
【鎌沢苔】

　赤褐色の茎に長さ2ミリほどの黄緑色の細かいギザギザのある葉がたくさんつく。茎の高さは1〜5センチくらいで黄緑色の2〜5センチ前後のコロニーとなり、渓流の岩や岩清水の湧き出る岩盤に生える。水辺に生えるコケの代表的な種類。渓流の岩肌や冷水の流れる用水路のコンクリートの壁面の水辺に、ポツポツとコロニーがある姿は可愛いらしい。激しい水しぶきがかかる場所や、水中に沈水状態でも生長できる。滝や池などがある水辺の風景を取り入れたコケの庭づくりには欠かせない種類。

　コケ単体での栽培は難しいため、あらかじめ石についたままのコケを庭の水辺や滝のわきなどの水がかかる場所に配置する。水が高温になると腐り溶けてしまうため、水を循環させたり、周りから清水を取り入れて掛け流しにする。日本全土の渓流や水辺、アジア、アフリカに分布する。

ホソバオキナゴケ

【細葉翁苔】

栽培難易度	■	温度	▲▲
日当り	●	湿度	💧

　寺院などの苔庭に最も多く使われているコケ。スギゴケやスナゴケとともに寺院や苔庭に使われる3大ゴケのひとつ。紅葉などの広葉樹との秋の色合いも美しい。高さは3センチほど、葉の長さは4ミリほどで針状。乾燥していると半透明な極めて薄い抹茶色で、濡れて水分を含むと鮮やかなエメラルドグリーン色になる。乾燥したときの色からオキナゴケ(翁苔)とついている。コロニーの大きさは通常4センチほどだが、時に10センチくらいのものもみつかる。杉の幹の表面や根元、小砂利まじりの土の上に生える。場所によっては、アラハシラガゴケとともに生えていたりする。

　ヤマゴケの名前で流通することが多い。コロニーを細かく粉砕し、培養土にまいて増殖したものが販売される。元々、乾燥した場所に生えるため庭に使うときは硬質赤玉土や砂を敷いた上に植えるか、流木や岩に仮根を純度100パーセントのシアノアクリレート系ボンドでつける。日本全土、アジア、ヨーロッパに分布する。

Leucobryum bowringii

アラハシラガゴケ

【粗葉白髪苔】

| 栽培難易度 | ■ ■ | 温度 | ▲ ▲ |
| 日当り | ● | 湿度 | ● |

　パステルカラーで非常に目立つコケ。シラガゴケ科のコケではホソバオキナゴケとともに知られた種類。半日陰のスギやカヤの樹皮や根の際、近くの乾いた土上にコロニー状に生える。ホソバオキナゴケよりも太い葉を持ち、葉はゴワゴワした感じで重なり合う。乾燥した状態ではパステルカラーの薄いミントグリーン色をしている。水分を含むと鮮やかなミントグリーン色になり、苔庭のアクセントになる。

　近い種類にオオシラガゴケがあるが、葉先に小さな突起がたくさんあり表面がザラつく。苔庭ではホソバオキナゴケなどの側に植えるとよい。元々、乾燥した場所に生えるため庭に使うときは硬質赤玉土や砂を敷いた上に植える。日本全土、東南アジアに広く分布する。

Brotherella henonii

カガミゴケ
【鏡苔】

　おもにスギなどの樹皮、倒木の樹皮、枯れた切り株の上を覆うようにマット状になりながら生える。直射日光には弱く半日陰を好む。全体につやがあって乾燥すると表面が銀白っぽくなり、より鏡のように光沢がでる。濡れると鮮やかな濃緑色になる。1〜2ミリの小さな卵形の葉をつけ、長さ5センチほどになる。

　苔庭では用土の上に植えるのではなく、岩や流木の上に硬質赤玉土の小粒を薄く敷き、その上に広げてなじませる。湿った状態が続くとすぐに茶褐色になって枯れるため乾燥気味に栽培する。一度変色すると立ち直りにくい。また、直射日光が当たらないように樹木などで半日陰になるようにする。移植が苦手なコケだが活着した姿は光沢があり美しい。日本全土、中国、台湾、朝鮮に分布する。

Brachythecium buchananii

ナガヒツジゴケ
【長羊苔】

栽培難易度	■ ■	温度	▲
日当り	● ●	湿度	●

　石垣の表面や岩の上にマット状に広く生える。ゴワゴワとした5センチほどの茎を這わせて不規則に枝分かれする。卵形または卵状被針形の1.5ミリほどの葉をつける。ハネヒツジゴケと違って濡れても葉は開かない。全体は黄緑色で葉先は金色または白みを帯びた金色。ハネヒツジゴケは葉先が白銀色になり、濡れると葉が開く。

　苔庭では水はけがよく、乾くように砂に硬質赤玉土小粒を少量混ぜた用土を敷いた上に置き、隙間に同じ用土を入れ落ち着かせる。ハネヒツジゴケも同様に栽培できる。濡れることを嫌い、水没したり乾かずにいるとクモノスカビが生えて円状に傷み、葉の色が抜けて枯れる。枯れるとすぐに色が変わるので、そうなったらベンレートなどの殺菌剤1000倍を散布するとよい。日本全土、アジアに広く分布する。ハネヒツジゴケは北半球の温帯域にも分布する。

Hypnum plumaeforme

ハイゴケ
【這苔】

栽培難易度	■ ■	温度	▲ ▲
日当り	● ●	湿度	💧 💧

野山の日当たりのよい湿った岩の上や緩やかな斜面、ススキやシバと一緒に生えたり、松林にマット状に広がる。通常黄緑色だが、秋から冬にかけて紅葉して鮮やかな黄金色になる。乾燥すると縮れ、くるくる巻いて葉の色が黄色味を増す。茎の長さは10センチほどで、葉は密につく。亜高山帯から高山帯には形がよく似たダチョウゴケがあるが、茎が斜めに立ち上がり色は明るい緑色をしている。

ハイゴケの仲間は非常に塩素に弱く、またアルカリ性にも弱いため、これらの条件下ではすぐに黄土色になり枯れる。また長期間の水没にも弱い。苔庭では硬質赤玉土小粒を敷き、その上に乗せて仮根と用土に隙間ができないようにコケの表面から用土を入れ隙間をなくす。定着するまでは寒冷紗や葦簀などで直射日光が当たらないようにする。日本全土のほか、東アジアから東南アジアに分布する。

パート2　庭植えに適するコケ30図鑑

Racomitrium canescens

エゾスナゴケ
【蝦夷砂苔】

　乾燥した陽当たりのよい岩の表面や砂の堆積した道路わき、砂地の草原に生える。乾燥しているとモールのように縮れて捩れる。濡れたり湿ったりすると明るい黄緑色だが、乾燥すると黄色で葉先は白くなる。濡れて葉が開いた姿は上から見るとお星様のようで可愛らしい。環境がよいと5センチくらいまで伸びてモップのようになる。寺院や苔庭によく使われる。

　マット状に広がり繁殖するが、1本ずつバラバラになりやすいため、取り扱いを慎重にしないと崩れてしまう。ケースから移植するときはケースを斜めにして、ゆっくりずり落としながら移す。常に湿った状態では茶褐色になりグズグズに腐ってしまうため、苔庭ではなるべく停滞水ができないように砂などを敷いて水はけよくする。その上にコケシートを乗せて手のひらで軽く押さえてなじませる。日本全土にあり、北半球に分布する。

トヤマシノブゴケ

【外山忍苔】

 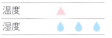

半日陰の山の斜面や岩の表面などにマット状に生える。生えている場所の日当りの違いで葉の色が黄緑色から濃緑色になる。茎の長さは15センチほどで、細かい1ミリほどの葉が茎にびっしりつく。和名は形がシダ植物のシノブに似ているため。湿った場所を好み水に浸かるような場所でも繁茂する。

この仲間はノミハニワゴケ（蚤埴輪苔）、コバノイトゴケ（小葉の糸苔）、大型のオオシノブゴケ（大忍苔）、葉が立体的に出るホンシノブゴケ（本忍苔）などがある。また別名アソシノブゴケ（阿蘇忍苔）と呼ばれることもある。緑色できれいだが乾燥するとすぐに縮れてしまう。また、春や秋に寒いと黄金色になり、それもまた美しい。

栽培して殖やしたものやキュアリング（長期保存するための高温多湿処理）して土やバクテリアを一度洗い流されたものは枯れにくいので、コケ庭づくりにはそれらを使う。硬質赤玉土小粒を敷いた上に乗せ、コケの表面から用土を足して仮根と用土の間に隙間ができないようにする。直射日光が当たらないよう周りに低木や山野草を植えるとよい。日本全土、台湾、朝鮮に分布する。

Hedwigia ciliata

ヒジキゴケ
【鹿尾菜苔】

栽培難易度 ■■
日当り ●●
温度 ▲
湿度 ●

　大きな岩の隙間や上に小さなコロニーをつくる。コロニーがくっつき合って大きな群体になることもある。日向で乾燥した場所を好み、少し垂れ下がるように伸びる。色はスナゴケと違い葉元の茎が赤褐色になる。葉は黄色味が強い黄緑色をしている。水分を含むと葉がピンと立ち美しい。茎の長さは3センチほどでうねる。葉は小さく2ミリほどの卵形で先が尖る。乾燥するとまるで別物のような姿になり、黒緑色で細長く縮れ海藻のヒジキに似る。

　苔庭では地植えにするのではなく、いくつか石を配置し石と石の隙間に砂を入れ、仮根を軽くピンセットなどで挟み持ち隙間に押し込みながら植える。あまり下に植えると、雨などで水が溜まり水没したままになったり、湿度の高い状態が続き枯れる。日本全土に分布する。

Plagiomnium cuspidatum

コツボゴケ
【小壺苔】

渓流の水辺や常に濡れている岩場の表面、針葉樹の下、砂利まじりの土や堆積物のある岩の上に生える。登山道や渓流のわきなどでよく目にする。葉は透明感のある緑色で地面を這うように広がる。葉は卵形で先端が尖り長さ3ミリほど。高さは2センチほどで横に広がる。乾燥に非常に弱く湿度が少ないと葉の縁から白く縮れ枯れる。

明るい日陰ではあまり茎が伸びずにクッション状に生長する。暗い日陰では茎は長く伸び、葉もガラス細工のような透明感のある明るい緑色になる。苔庭では硬質赤玉土小粒に砂と砂利を混ぜた用土を敷き、その上にコケシートを乗せて手のひらで軽く押さえてなじませる。なるべくシート裏の仮根と用土に隙間ができないようにする。乾かないようにたっぷりと水を与える。日本全土、アジアに分布する。

Rhizomnium tuomikoskii

ケチョウチンゴケ
【毛提灯苔】

栽培難易度	■ ■	温度	▲
日当り	●	湿度	● ●

亜高山帯または深山の倒木や枯れた枝、水が染み出る水分の多い岩の壁面や沢の濡れた岩に生える。ときには沢の水に浸かった状態で生える。森の中で、このユーモラスな姿を一度観たら忘れられない。葉の表面から無数の赤褐色の仮根がニョロニョロと出て、まるで毛が生えているように見える。和名はこの姿からついている。

茎は2センチほどで葉は長さ6ミリほど。卵形で、葉の色は透明な黄緑色で、表面には赤褐色の仮根がある。茎は枝分かれして横へ伸び広がる。日陰で常に濡れた状態を好む。苔庭では硬質赤玉土小粒と砂を混ぜた用土を敷き、仮根が用土に埋まるようにコケを揺すりながら沈める。枯れた部分を放置すると、葉元まで枯れて全体に広がるため見つけ次第切り取ること。本州、九州、中国、ロシアに分布する。

Plagiomnium maximoviczii

ツルチョウチンゴケ
【蔓提灯苔】

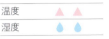

水が染み出る水分の多い岩の壁面や沢の縁の濡れた岩に生える。葉は長さ8ミリほどで細長く、澄んだ透明なエメラルドグリーン色で、表面は波打っている。茎はまばらに枝分かれし横へと伸び重なる。日陰で常に濡れた状態を好む。岩から滲み出した水が溜まった水中や水際にも生える。高温、高水温に弱くまた、乾燥すると葉先から茶色くなり枯れる。

苔庭では水辺を取り入れた場所に適している。砂と砂利を混ぜた用土を水のある場所に敷き、仮根が用土に埋まるようにコケを揺すりながら沈める。仮根は水に浸かった状態にする。栽培中、枯れた部分を放置すると、葉元まで枯れ、全体に広がるため見つけ次第切り取る。周りには日陰になるようにシダ植物やイネ科の植物を植えるとよい。日本全土のほか、朝鮮、中国、ロシア、インドに分布する。

Trachycystis microphylla

コバノチョウチンゴケ
【小葉の提灯苔】

　山林の日陰の土の上や、岩の表面、スギなどの大木の幹に垂れ下がるように生える。京都の円徳院のコバノチョウチンゴケは有名。ほかのチョウチンゴケとは違い葉の色は半透明の明るい緑色。茎の長さは4センチほど、葉は長さ3ミリほどで先は尖り、透明な緑色。葉は放射状に密につく。乾燥すると黒緑色になり縮れる。春に枝を伸ばし黄緑色の葉をつける。

　苔庭では硬質赤玉土小粒を敷き、コロニーのまま乗せて手のひらで軽く押さえてなじませる。なるべくコロニー裏の仮根と用土に隙間ができないようにする。直射日光の当たらない場所に植える。常に湿った状態は嫌うため乾いたらたっぷり水を与える。本州から九州にかけて分布し東アジアに広く分布する。

Dicranum scoparium

カモジゴケ

【髭苔】

山地から亜高山帯、または深山の木の下に自生し、木の根元や落ち葉の堆積した上に生える。アカマツ林やカラマツ林の下がたくさんのコロニーで覆われているのをよく目にする。シッポゴケやオオシッポゴケと一緒に生えている場所もある。茎の高さは8センチほど、葉の長さは8ミリほどで細く尖り、色は濁った緑色となる。シッポゴケなどと違い、葉先が同じ方向に向くので区別ができる。乾燥していると、葉をくるりと巻き上げる。造園業界では一番人気のあるコケのひとつ。自生地が限られていることと、増殖が遅いので流通は少ない。

苔庭では硬質赤玉土小粒を敷き、コロニーごと乗せて手のひらで軽く押さえてなじませる。仮根がなるべく用土に埋まるようにする。直射日光が当たらないように周りに山野草を植えるとよい。自生地ではオオイワカガミと一緒に生えているのをよく見かける。日本全土、ニュージーランド、北半球に広く分布。

Dicranum japonicum

シッポゴケ

【尻尾苔】

　霧の出る低山帯から亜高山帯の日陰の湿った腐葉土の上に群落をつくる。日本海側ではアカマツ林に多く、カモジゴケと一緒に生える場所もある。同じ仲間のオオシッポゴケはもう少し標高の高い山に自生する。葉は細長く長さ10ミリほど。茎は直立し10センチほどになる。茎の表面に白色の仮根があるため区別しやすい。葉の色は鮮やかな緑色。

　苔庭では硬質赤玉土小粒を敷いて、なるべくコロニーを崩さないまま用土に乗せ、手のひらで軽く押さえてなじませる。仮根がなるべく用土に埋まるようにするとよい。明るい日陰が適していて、常に湿った状態は嫌うため、水は乾いたらたっぷり与える。高温多湿に弱く蒸れると茶色になり枯れるが、枯れ傷みは広がりやすいため、早めに取り除く。北海道から九州、朝鮮、中国に分布する。

Dicranum nipponense

オオシッポゴケ
【大尻尾苔】

栽培難易度	■ ■	温度	▲ ▲
日当り	●	湿度	💧 💧

亜高山帯から高山帯の明るい日陰の針葉樹林帯に群落をつくる。アカマツやカラマツの落ち葉が積もった腐葉土に多く生える。見た目は低山に多いシッポゴケに似るが、高さが低く枝先になるにつれてカールして葉先のみ細くなる。長さは7ミリほど。茎は直立し5センチほどになる。茎の表面に褐色の仮根があるため区別しやすい。葉の色は青味の強い鮮やかな緑色。

苔庭では硬質赤玉土小粒を敷き、なるべくコロニーを崩さないまま用土に乗せ、手のひらで軽く押さえてなじませる。仮根がなるべく用土に埋まるようにするとよい。明るい日陰が適してる。常に湿った状態は嫌うため、乾いたらたっぷり水を与える。高温多湿に弱く蒸れると茶色になり枯れる。傷むと広がりやすいため、早めに取り除くこと。北海道から九州、朝鮮、中国に分布する。

パート2 庭植えに適するコケ30図鑑

Campylopus umbellate

シシゴケ

【獅子苔】

　町なかの寺院にある大木の根元や山の岩の窪み、砂質の土の上に生える。光沢の強い緑色で、丸または長卵形のコロニーをつくる。長さ1センチほどの針状葉をつける。非常に生長が遅く、栽培下ではコロニーが倍の大きさになるのに3年くらいかかる。

　仲間に亜高山帯の日陰に多く生えるフデゴケがある。コロニーや葉の形は似るが、葉の色が黒緑色をしている。ともに水を嫌うため乾かし気味に栽培する。湿った状態が続くと表面や内部にクモノスカビが生えて、やがて真っ黒になり枯れてしまう。

　苔庭では硬質赤玉土中粒と砂利を混ぜた用土を敷き、コロニーを乗せて仮根より少し上まで埋め込むとよい。周りには泥跳ねをしないよう砂利をまく。北海道、本州、四国、九州、朝鮮、中国、アフリカ、北米に分布する。

Polytrichum commune

ウマスギゴケ
【馬杉苔】

| 栄培難易度 | ■ ■ | 温度 | ▲ ▲ |
| 日当り | ● ● | 湿度 | 💧 💧 |

林道や避暑地の明るい林、湿原に50センチほどの巨大なコロニーをつくり生える。環境がよいと高さ20センチ程度まで伸びる。枝分かれはせず1本ずつ単独で生長する。葉は1センチくらいで放射状につける。スギゴケの仲間では珍しく中心まで緑色のままでいるものが多い。苔庭で使われるスギゴケの代表的なもののひとつになる。ほかに途中から茶色くなるオオスギゴケが使われる。スギゴケの仲間は乾燥するとすぐ葉を閉じてしまい棒のようになってしまう。

苔庭では硬質赤玉土小粒と砂を混ぜた用土を敷き、コロニーごと乗せて手のひらで軽く押さえてなじませる。仮根がなるべく用土に埋まるようにする。日差しには強いが、活着するまでは葦簀(よしず)や寒冷紗で日除けをする。用土が常に湿った状態は好まないため、葉が閉じて乾き始めたら水を与える。日本全土、世界中ほとんどの場所に分布している。

パート2 庭植えに適するコケ30図鑑

セイタカスギゴケ

【背高杉苔】

　風が吹き抜ける亜高山帯から高山にかけて、日が差す木々の下に生える。イチヨウランやコイワカガミ、ツマトリソウ、マイヅルソウとともに生える姿を観ると、いかにも標高の高い山に来たという気分になれる。仲間に非常によく似たコセイタカスギゴケがある。セイタカスギゴケの葉は葉先にいくほど捩れ乾燥すると顕著に現れるのに対し、コセイタカスギゴケは葉が平らで捩れずに広がる。またセイタカスギゴケより小型で色が若干薄い。どちらも高山のコケの代表的な種類。高さは20センチほどになり、枝分かれしない。葉は1センチくらいで細く長い。

　高原や亜高山帯の雰囲気を出すのに植えるとよい。苔庭では硬質赤玉土小粒と砂を混ぜた用土を敷き、コロニーごと乗せて手のひらで軽く押さえてなじませる。仮根がなるべく用土に埋まるようにする。コケとコケの間にイワカガミやゴゼンタチバナなどを一緒に植えるとお互い生長がよい。北海道から九州、朝鮮半島、中国、極東、北米に分布する。

Pogonatum inflexum

コスギゴケ
【小杉苔】

栽培難易度	■	温度	▲ ▲
日当り	● ●	湿度	💧

里山の林や山中で風が通る林道の側、木漏れ日が差す杉林の根元によく生える。20センチほどのコロニーになるものもある。森の中で観るコケのコロニーの中では類例のない美しさがある。葉の色は抹茶ラテ色で、群体はまるで小さな星を散りばめたようで非常に美しい。葉はゴワゴワした質感がある。茎の高さは2センチほどで枝分かれしない。葉は5ミリほどで広卵形である。乾燥するとチリチリに縮れる。

苔庭では硬質赤玉土小粒を敷き、仮根を埋めるように植える。なるべくコロニーを崩さないまま行うこと。明るい日陰か木漏れ日が当たる場所が適している。常に湿った状態は嫌うため乾いたらたっぷり水を与える。日本全土、朝鮮、中国、ロシアに分布する。

Atrichum undulatum

ナミガタタチゴケ
【波形立苔】

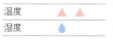

　町なかの寺院にある木の根元の隙間や、山林の明るい日陰の湿った地面に、マット状に広がって生える。茎は高さ1センチから3センチほど。葉はつやがなく色は半透明の明るい緑色。コケひとつひとつが意外と大きいため見つけやすい。触れるとカサカサしていて弾力がある。葉の長さは8ミリほどで細長く先は尖る。上から見ると風車が重なったように見える。葉は乾燥しやすく乾くとすぐに葉を縮らせてしまう。

　苔庭では流木や岩などを配置し、周りに硬質赤玉土小粒を敷き、仮根を埋めるように植える。コロニーは崩れやすいため全体を包みこむようにして移植する。ほかのスギゴケの仲間とは違う質感で色味が面白いため、少し植えるとアクセントになる。日本全土、北半球に広く自生する。

Fissidens grandifrons

ホソホウオウゴケ

【細鳳凰苔】

栽培難易度	■ ■	温度	▲
日当り	●	湿度	💧💧

ホウオウゴケの仲間の中では水辺が好きな種類で、滝の傍の岩肌や渓流の水しぶきがかかる崖などに自生する。明るい日陰を好み、茎は垂れ下がるように伸び、5センチほどになる。枝分かれはせず、葉は5ミリほどで鳥の羽のように左右に分かれて並ぶ。乾燥しても縮れず、湿っているときは光沢が強い濃緑色。

形が鳥の羽根のように美しく苔庭ではワンポイントアクセントになる。仲間のホウオウゴケやヒメホウオウゴケは、水のかかる岩肌より少し離れた日陰の粘土質の地面に盛り上がるようにコロニーをつくる。苔庭ではコケのついた岩ごと水辺に配置するとよい。

ホウオウゴケやヒメホウオウゴケは硬質赤玉土小粒を敷いた上にコロニーを乗せるが、その際なるべく埋もれないようにすること。どの種類も直射日光が当たらないようにする。本州から九州に多く分布し台湾にもある。

Pleuroziopsis ruthenica

フジノマンネングサ
【富士の万年草】

　落葉樹が生える深山で、木漏れ日の差す空中湿度の高い腐葉土に生える。コケでは珍しい、まるで小さなヤシの木のような姿は人気がある。細い茎を枝分かれし1.5ミリほどの葉をつける。茎の高さは8センチほど。コウヤノマンネングサはフジノマンネングサより少し大きく、茎の長さは10センチくらいになり葉も2.5ミリで大きい。一次体の地下茎は枝分かれしながら長く伸び、その先々に二次体を地上に伸ばす。二次体の体の寿命は1〜2年で枯れる。しかし、栽培して二次体を出したものでないと、茶色くなり葉先から枯れてしまう。また、コケでは珍しく一次体の地下茎がないと長期栽培ができない。

　苔庭では硬質赤玉土小粒と腐葉土を混ぜた用土を植える場所に10センチほど敷き一次体の地下茎を用土にしっかり埋める。あまり直射日光が当たらないようにする。北海道から四国に見られ、東アジア、北アメリカに分布する。

Pellia endiviifolia

ホソバミズゼニゴケ

【細葉水銭苔】

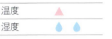

パート2　庭植えに適するコケ30図鑑

　湧き水が流れる側溝や小川、水が染み出る岩場の斜面にへばりつくように生える。寺院の水場にも生えていることがある。通常葉の色は明るい緑色だが、紫色を帯びることがあり、別名ムラサキミズゼニゴケとも呼ばれる。秋から冬にかけて葉状体の先にリボンのような無性芽をつける。葉の長さは2〜5センチ幅7ミリ。葉は触ると薄く、意外ともろく崩れやすい。元々、湧き水などが流れる場所に生えるため、高水温には弱いが葉の形が面白く、水中に浸かっても枯れないため人気がある。

　苔庭では小さな池や水溜りをつくり、表面に凸凹がありザラザラした石や溶岩を水に浸かるように配置して上に乗せる。仮根が水に浸かるようにする。木漏れ日が差すくらいがちょうどよい。日本全土、中国、インド、ヨーロッパ、北アメリカに分布する。

Myuroclada maximowiczii

ネズミノオゴケ
【鼠の尾苔】

栽培難易度	■	温度	▲▲
日当り	●●	湿度	●

　山道の側溝のわきや石垣、日陰の木の根元、岩の上、硬い土の上などにマット状に生える。日が当たる場所では全体の長さが短く、日陰では長く垂れ下がる。乾いた場所を好む。長い個体では4センチほどになる。全体的につやがあり、触ると硬くツンツンしている。1ミリほどの小さな円形の葉を密につけ、先に行くほど小さくなる。名前は姿がネズミの尾に似ることによる。植物体は黒緑色で先のほうは緑色になる。色味と形状が独特なためコケの中でも判断しやすい。

　苔庭ではどこにでも配置ができ、シート状なので扱いもしやすい。硬質赤玉土小粒を敷き、シートを用土に乗せて手のひらで軽く押さえてなじませる。仮根がなるべく用土に密着するようにする。日本全土、アジア、アラスカに分布する。

Fontinalis antipyretica

クロカワゴケ

【黒川苔】

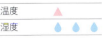

　湧水池や湧き水の流れ込む水溜り、清流の流れ込む小川の中の小石や砂利にくっついてマット状に生える。葉の色は黒緑色。茎に3〜8ミリほどの葉をつける。茎は長く30センチくらいになることもある。長野県の安曇野など、水がきれいな地域でよく見かけられる。ミズキャラゴケとともにペットショップで販売しているウィローモス（アクアリウムで使われる水生コケ）の1種で、熱帯魚などを一緒に飼育する水草水槽にも使われている。高水温には弱い。

　苔庭に滝や小さな池をつくる場合、その中に砂利を敷いて直接水に浸かるように入れる。高水温に弱いため循環しない溜まり水の場合は、ときどき水の温度を調べ、高いときは水を入れ替える。その際には必ず塩素中和剤を入れる。北海道、本州、アジア、ヨーロッパ、北アメリカ、アフリカ北部に分布する。

Sphagnum girgensohnii

ホソバミズゴケ
【細葉水苔】

　ミズゴケというとニュージーランドの乾燥ミズゴケが有名だが、日本にも生えている。ホソバミズゴケはカラマツなどが生える亜高山帯や深山の湿度の高い明るい場所の腐葉土の上に群落をつくる。比較的低地に生えるオオミズゴケや、高原に生えるウロコミズゴケなどが好む湿地にはない。茎は、15センチ近くになり枝分かれして1ミリほどの葉を密集させてつけ、枝葉を放射状に延ばす。ほかのミズゴケとは違い、葉は1年中緑色で、秋口になっても赤くならない。

　ミズゴケの中では湿地性でないため苔庭に適している。硬質赤玉土小粒を敷き、優しく乗せるように置く。風などで動かないように周りにいくつか石を置く。活着するまではなるべく直射日光を避ける。日本全土、朝鮮、中国、ロシア、インド、ネパール、ヨーロッパ、北アメリカ、グリーンランドに分布する。

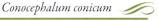

ジャゴケ

【蛇苔】

栽培難易度　■
日当り　●
温度　▲▲
湿度　💧💧💧

　日陰の粘土質の斜面や、渓流のわきの水しぶきがかかる岩や湿り気のある岩に生える。場所によっては壁面全体を覆うように生える。葉状体は長さが10センチほどになり、ヘビ皮のように光沢のある鮮やかなエメラルドグリーン色。見た目がヘビの鱗のように見えるところからジャゴケと和名がついている。葉状体の裏面から白い糸状の仮根が長く伸びる。個体によって香りの違いや強さはあるが、コケでは珍しく葉を折ったりすり潰すと、ミント系または柑橘系の爽やかな香りがする。

　苔庭では水辺をつくった周りに硬質赤玉土小粒を敷き、コロニーごと乗せて手のひらで軽く押さえてなじませる。なるべく用土と葉状体裏面とに隙間ができないようにする。乾燥に弱いため常に湿った状態を保つこと。日本全土、北半球に広く分布する。

Kindbergia arbuscula

キブリナギゴケ

【来振梛苔】

　湿度の高い湿った林や、日陰の湿った石の上や沢の岩の壁面に生える。深山では染み出す水が溜まった水溜りの周りや水中にも生える。地上では茎は5センチから10センチほどに伸びて枝分かれし、先は羽根のようになる。葉は黄緑色で1ミリほどの葉を茎につける。栽培環境が合うと増殖が速い。一面黄緑色になり美しい。高温になると黄色くなるが、気温が低くなるとまた覆うように新芽が広がり伸びる。近い仲間にツクシナギゴケがある。

　日陰で湿った場所を好むため、苔庭では常緑低木や同じような環境が好きなショウジョウバカマと一緒に植えるとよい。硬質赤玉土小粒を敷き、仮根より上が少し埋まるように植える。本州、四国、九州、広く分布する。

Part 3

コケと一緒に楽しめる 山野草 & シダ

コケは半日陰から日陰の場所を好みますが、山野草の多くは日当たりのよい場所を好みます。そこで本章ではコケと一緒に植えて楽しむことのできる山野草とシダを日照による3つの場所別に選びました。

　1つ目は午前中日が当たるか午後に明るい日陰となる半日陰の場所、2つ目は寒冷紗50〜70％程度の明るい日陰の場所、3つ目は一日中まったくの日陰の場所です。植える場所の日当たりをよく観察して選んでください。

＊山野草の配列は春から順に花を中心とした見頃の時期とし、最後にシダを配した。

半日陰でコケと一緒に楽しめる山野草＆シダ

ユキワリイチゲ
11月頃に葉を出し3月頃に薄ピンクまたは青紫色の花をつける。5月には落葉するため、それまでよく日に当てる。深植えにする。

トキワイカリソウ
年間を通して葉がある。4月頃に白または黄色の錨状の花をつける。乾燥に弱く根元をハイゴケやトヤマシノブゴケで覆うとよい。

アヤメ
水際または水持ちよい場所を好む。春に新葉を出し5月頃紫色の花をつける。水辺のコケ庭にカマサワゴケと一緒に植えるとよい。

シラン
日本の野生ランの中では栽培が容易な種類の一つ。春先に葉を出し5月頃に、赤紫、白、ピンク、紫色などの花をつける。

イワカガミ
日の差す林に多く自生する。光沢のある丸形の葉は秋には真っ赤に紅葉しコケとの彩りもよい。6月頃ピンク色の花をつける。

ミゾカクシ
田んぼのあぜ道や、池のほとりに多く自生する。かぎ爪状のピンク色の花を梅雨時期につける。ハイゴケと一緒に植えるとよい。

パート3 コケと一緒に楽しめる山野草&シダ

コケモモ
6月頃に白またピンクの小さなベル状の花をつける。秋には真っ赤な実がなり食べられる。海外ではカウベリーと呼ばれる。

ヒメサユリ
ササユリを小さくしたという意味の和名がついたユリ。繊細な葉に、爽やかな香りがするピンク色の花を2輪ほどつける。

庭の風景
ホタルブクロの後ろにクガイソウ、ギボウシ、イカリソウ、スミレ、イワミツバ、クロミツバなどの葉が見え隠れする。黄色の花はヤマブキソウ。

ウメバチソウ
冷たい水が染み渡るような水辺に生える。9月頃白花をつける。ホソバミズゴケやトヤマシノブゴケと一緒に植えるとよい。

ホタルブクロ
日向でも半日陰でも栽培できる。6月下旬から8月頃まで次々にベル状の花をつける。花は白、赤紫、紫色。二重咲きもある。

ガマ
水辺に自生し高さ1.5メートルほどになる。7月頃に茶色い穂をつけ徐々に大きくなる。水辺の庭に使うと涼しい演出ができる。

65

ミソハギ

水辺に自生。水温の上がらない水中ならば植えても育つ。7月下旬から8月下旬まで、赤紫色の小さな花をつける。挿し木で増える。

ススキ（タカノハススキ）

コケ庭のどこかに植えるだけで和の雰囲気になる。斑入りなどもあり庭に合ったものを選ぶとよい。秋に穂をつける。生長は遅い。

ソバナ

釣鐘型の青紫色の花を7月頃につける。高温には弱いが、ススキなどの植物の隙間に植えるとよい。水はけのよい場所を好む。

キキョウ

水はけがよい場所が好きだが乾燥が苦手。環境に合うと1メートルほどになる。8月頃に紫、白、薄ピンク色の花をつける。

カライトソウ

真夏にブラシ状のピンクや白い花をつける。高さ1メートルほどになる。用土の乾燥に非常に弱いが高温多湿は嫌う。

イトラッキョウ

針状の葉をつける球根植物。秋に小さなピンクまたは白いベル状の花をつける。背が低いため庭の前景に石と一緒に植えるとよい。

ツルボ

畑の脇や斜面に群生する球根植物。9月頃、ピンク色の小さな可愛らしい花を房状につける。一度植えるとよく増える。

オシダ

シダの中では日差しに強い種類。明るいコケ庭には最適なシダ植物。あまり葉が混みすぎたら根元から切り間引くとよい。

明るい日陰でコケと一緒に楽しめる山野草＆シダ

イワウチワ
2センチほどの団扇型の葉をつける。乾風に弱くトヤマシノブゴケの中に植えるとよく育つ。3月下旬にピンク色の花をつける。

オオミスミソウ（雪割草）
一年中葉がある。3月頃にピンクや紫、白などのほか八重咲きなど多様多彩な花をつける。5月以降10月まで直射日光は避ける。

シュンラン
日本のシンビジューム。産地によっては非常によい香りがある。3〜4月頃に緑色の花をつける。暑さにも寒さにも強いが直射日光は苦手。

ショウジョウバカマ
林の縁の斜面や水辺の脇などに自生する。非常に水が好きな植物。3月下旬にピンクや白い小花を房状につける。

フタリシズカ
鉢で栽培するとあまり大きくならないが地植えにすると50センチほどになる。春先に白い小花を房状につける。

セリバオウレン

雪割草とよく一緒に生える。3月頃白い小花をつける。根は漢方薬になる。乾燥に弱いため水持ちのよい場所に植えるとよい。

アゼナルコ

梅雨時期に垂れ下がる穂をつける。風に揺れる姿が可愛い。水辺や田んぼのあぜ道に自生する。庭の入口に目印として使うとよい。

ヤブレガサ

春先に地面からすぼめた傘のような葉が展開する姿が楽しい。生長すると意外と大きくなるため周りにスペースをあけて植える。

カキドオシ

湿気の多い林や畑の脇に自生する。茎に葉がある1節を用土に挿すと簡単に発根し増やせる。5月頃、赤紫色の花をつける。

ウチョウラン

非常に小さな日本のラン。絶壁に生えるイワヒバの根元に自生する球根植物。6月頃、白やピンク、赤紫色の花をつける。

トリアシショウマ

7月頃白い小花をたくさんつける。高さ1メートルになり、沢筋や水が浸み出す斜面に自生する。庭にボリュームをつけるのによい。

イワシャジン
秋に青紫色の釣鐘型の花を鈴なりにつける。非常にきれいで環境さえ合えば丈夫な植物。梅雨明け以降の高温多湿に注意する。

ギボウシ
英名ホスタとして多数の品種があるが、日本の山野に自生する植物。種類によっては滝の脇の岩肌に生える。夏から秋に紫花をつける。手前のシダはクサソテツ。

ホトトギス
秋に咲く花の模様が野鳥のホトトギスに似る。滝の側に自生する黄色い花のジョウロホトトギスなどもある。水が好きな植物。

ササリンドウ
リンドウの仲間は栽培が難しいがその中でも丈夫な種類。リンドウは移植を嫌うので植えたら動かさない。ハイゴケと相性がよい。

ウラハグサ
春先から新葉を出して夏にはフサフサした姿になる。雪割草と相性がよい。少しの風でも葉が揺れるため風知草とも呼ばれる。

コシダ
乾燥した荒れた斜面や林の縁に生える。葉茎は1メートル程で常緑。春に紫色の新芽を出し、左右対称に枝分かれする。停滞水を嫌う。

ゼンマイ
春の山菜としてゴマ和えなどにして食べられる。田んぼの近くの斜面や沢の脇に生える落葉性のシダ。水を多く含んだ場所を好む。

マツザカシダ
沢筋や林の縁に生える常緑のシダ。別名翁羊歯。水分が多い場所を好む。斑入りもあり、コケ庭に植えるとワンポイントになる。

一日中日陰でコケと一緒に楽しめる山野草＆シダ

ユキノシタ

日陰の石垣や林に群生する。6月頃に白花をたくさんつける。咲いた姿は非常に清楚で美しい。ランナーを伸ばしよく増える。水を好む。

シャガ

日陰の林の斜面に群落となり自生する。4〜5月頃、白色の花弁に青紫色の模様のある花をつける。非常によく増える。タネはできない。

ヤマアジサイ

湿気のある林や沢に生える。エゾアジサイと生える場所もある。7月頃に白や水色、紫色の花をつける。乾燥や水切れに非常に弱い。

マイヅルソウ

標高1000メートル前後の落葉樹の林に自生する。6月頃に非常に小さな白色の花をつける。シッポゴケやウマスギゴケと相性がよい。

ヤブラン

この仲間の中では一番大きな種類。仲間に小型のリュウノヒゲがある。夏に小さな紫色の花を房状につける。常緑のため年間緑色できれい。

ツリフネソウ

沢や渓流沿いに生える。夏に濃いピンクや白色の花をつける。黄色い花のキツリフネもある。1年草のためこぼれダネで継続する。

タマアジサイ
風通しのよい林に自生する。1メートルの高さになる。8月頃から9月に玉状のツボミをつけ、紫色の小さな花と白色の装飾花をつける。

イワタバコ
湿った岩肌に生える。6月下旬に紫色の星型の花をつける。非常に乾燥に弱く、常に濡れた状態を好む。トヤマシノブゴケと植えるとよい。

パート3 コケと一緒に楽しめる山野草＆シダ

ダイモンジソウ
渓流の岩場に生える。秋に漢字の大の字に似た花を咲かせる。紅色、白や緑、ピンク色があり、八重咲きもある。乾燥に非常に弱い。

ヒメミヤマウズラ
亜高山帯の広葉樹林に自生するジュエルオーキッドの一つ。9月頃白色のユニークな形の花を連ねてつける。ランナーで増殖する。

ヤブコウジ
高さ15センチほどの低木。6月頃ピンク色の星型の花を咲かせる。晩秋に真っ赤な小さな実をつける。挿し木でも容易に増える。

ツワブキ
海岸の崖っぷちなどに生える常緑の植物。日向でも日陰でも育つ。秋に黄や白、オレンジ色の花をつける。葉に斑が入るものもある。

カンアオイ
常緑の長卵形の葉。10〜2月に茶色、緑色の釣鐘状の花を地際につける。葉にインパクトがあるため添えで植えるとよい。地下茎で増える。

シノブ
木々の樹皮や岩肌に着生する落葉性シダ。コケ庭に浅間石などを配置したときホソバオキナゴケと一緒に植えるとよい。

ハコネシダ
観葉植物のアジアンタムの仲間。空気湿度が高い方が育ちやすい。乾いた瓦礫の岩場に自生するため用土の停滞水を嫌う。

クジャクシダ
葉の形がクジャクが羽根を広げたような姿で美しい。薄暗い林の中の乾いた落ち葉の積もった場所に自生する。停滞水を非常に嫌う。

トウゲシバ
シダのようには見えない形をしている。林の中の木の根元によく自生する。多湿を好む。深植えすると茎から白い根をすぐに出す。

ヒトツバ
絶壁の岩肌や大木の表皮に着生する。海藻のコブに似た形で面白い。斑入りのものもある。コケ庭で岩を配置したとき傍に植えるとよい。

コンテリクラマゴケ
非常に青みの強い葉はインパクトがあり、テラリウムでも人気がある。直射日光が当たると青みがなくなり緑色の葉になる。

ニシキシダ
樹木の生い茂る暗い林の中に自生する。葉が銀色で目立つ。水分の多い腐葉土を好む。コケ庭の樹木の側に植えるとよい。

クサソテツ
新芽は山菜でコゴミとして食べられる。落葉性で春から秋にかけて葉を放射状に展開し1メートル近くの大きさになり存在感がある。

Part 4

日本とイギリスの
大自然に学ぶコケの美

左ページ：
小さな緑色の島が水面に浮かぶように見える。周りには涼やかな風が流れる。

パート4

```
  1
2   3
    4
```

1：温泉が流れる滝。その周りにある岩にはチャツボミゴケが好んで生えている。
2：ヨツバヒヨドリの蜜を吸うアサギマダラ。周りにも無数のアサギマダラが飛び交う。
3：温泉水が染み込まない場所にはススキやレンゲツツジなどが生えている。
4：紅い果実はカクミノスノキ。深山の涼しい場所を好む。この周りには色々なツツジ科の植物が生えている。

温泉好きなチャツボミゴケ

　群馬県の中之条町にあるチャツボミゴケ公園には、世界でも珍しい酸性の温泉に生えるチャツボミゴケ（学名ユンゲルマンニア・ブルカニコーラ）の国内で最大規模の群落があります。この場所は昭和41年まで鉄鉱石の鉱山でした。そしてこの鉄鉱石は元はチャツボミゴケでした。チャツボミゴケが生きていく上で温泉成分の鉄分を蓄積し、長い年月をかけて変化し鉄鉱石になったからです。閉山後再開発されずに残っていたため、今日でも観ることができます。

　夏でも涼しく緑がきれいなこの場所は、昨年までは近くの駐車場まで車で入れましたが、環境保護のため今年から受け付けを済ませるとシャトルバスで駐車場まで移動します。駐車場からはなだらかな登り坂が続きます。初夏は道の周りにヨツバヒヨドリが咲き、アサギマダラの楽園になります。

　秋にはモミジがたくさんあるので、真っ赤に紅葉した葉とチャツボミゴケの緑が重なり見事な景色になります。坂道を登っている間もよく下を観るとホソバミズゴケやウマスギゴケが生えてます。チャツボミゴケの自生地に着くと、左手にある小高い丘にはシラタマノキ、アカモノ、スノキ、ガンコウラン、ヤマオダマキなどが観察できます。

　この群落には温泉のほかに沢の水も流れ込んでいます。右手ルートで観察を続けると沢の水と温泉のお湯とが混ざり合う場所があり、温泉水にはチャツボミゴケ、沢の水にはコツボゴケやシッポゴケが生え住み分けてます。色の違いですぐ見分けられます。群落地には木道が整備されていてゆっくり、じっくり観察できます。おすすめは近くの草津温泉に一泊しながらの観察です。

1	2
	3

1：泡立つ温泉水。この気泡にたくさんの酸素が溶け込むため水面下にあるチャツボミゴケも生長できる。
2：小さい水たまりが連なる淵にチャツボミゴケが生える。水面に空が写り緑色のコケが引き立つ。
3：岩に生えているチャツボミゴケの一部が黒いのは本白根山の火山灰が降り積もったあと。

チャツボミゴケ公園
群馬県吾妻郡中之条町大字入山 13-3
TEL 0279-95-5111

まほろばの森 蓼科大滝

　長野県茅野市にある蓼科高原にあります。この蓼科高原は標高1200メートルほどにあり、冬にはスキー場になります。また、保湿力のある温泉が魅力的な避暑地でもあります。この辺りにはアカマツ林がたくさんあって、根元や倒木の周りにはシッポゴケが多く生えています。シッポゴケの中に埋もれるようにコケモモも一緒に生えてます。

　この辺りでは夕方近くにコケを観察し、運がよいと野生のシカに出会えたりします。私は何度も遭遇しています。蓼科高原にある、この蓼科大滝は、普段あまり人目につかないような場所にあります。道路にある小さな看板を見つけたら、錆びついて穴が空いた階段をゆっくりと降ります。眼下に微かに聞こえる水しぶきの音が頼りです。音が近くに感じ

1：滝からの水は岩に当たりながら、勢い よく流れる。そのため湿度が高くなり コケにとってよい環境ができる。
2：深き緑の中、日差しを浴び輝く蓼科大 滝。白く浮かび上がる姿は神々しい。
3：水しぶきがかかり黒光りする岩肌に は緑色のカマサワゴケが生える。

てしまうためか、思ってるより滝までは距離があります。つづら折りの道を進み、森の暗さに目が慣れた頃、周りを観るとたくさんの種類のコケが出迎えてくれます。

　渓流の側まで降りると大滝は右手と書いてあります。滝を観る前に左手に少し行ってみてください。倒木や木の根が絡み合った原生林が広がって、時が止まったかのような緑一色の世界。ここが、まほろばの森です。森を堪能したら、右手の大滝を観に行きます。滝の側には休憩する場所もあります。滝の周りにある水しぶきがかかる岩肌にはナルコスゲとともにカマサワゴケが生えています。午前中に観察すると丁度、滝に日が射すのでおすすめです。

1：いくつも転がり重なる岩は何種類ものコケに覆われている。どれだけ時が過ぎたのだろうか。
2：このまほろばの森は針葉樹と広葉樹が高さを棲み分け生えている。
3：木漏れ日の射す、コケむした岩肌にはシダ植物が生える。この一つをとっても絵になる。

蓼科大滝
長野県茅野市北山4062
蓼科観光協会 TEL 0266-67-2222

パート4

左：バンクヘアキャップにたくさんの水滴がつき、まるで果実のよう。

1：地面には色々な種類のコケが生えている。
2：コモンタマリスクモスに紅葉したメープルの落ち葉が彩りを添える。
3：よく観ると樹皮にはこんな可愛い小さなタチヒダゴケの仲間のコロニーがあった。
4：コケの中からクリスマスホーリーの小さな苗が顔を出す。

ブラントウッドのラスキンズチェアー

　ピーターラビットでよく知られているイギリスの湖水地方は、昔のままの自然を保護する地域でもあります。その広大な自然の中には、さまざまな大きさの湖がいくつもあります。その中で3番目に大きなコニストン湖の傍にブラントウッド邸はあります。

　この邸宅を1871年に美術評論家のジョン・ラスキンが購入しました。購入後、ラスキンは250エーカーもある庭に植林したり、沢をつくったりしてまるで森のような庭をつくりました。この庭の中に石版を重ねてつくられた椅子"ラスキンズチェアー"があります。石の表面にはコケをまとい素敵な姿になっています。丁度、雨が降る中に訪れたため、コケが一番きれいな状態でした。観察が終わったら、入り口にあるカフェでスープセットがおすすめです。

Brantwood John Ruskin's home

1	2	3
4		

1：うろのある倒木をコケが覆いそのうろから小さな木が生える。
2：つくられた沢の周りにはコケとシダ植物が生える。
3：庭の中では樹々が生い茂り常に霧やミストがあるため樹皮がコケむす。
4：ラスキンズチェアーが樹々の中に溶け込むように配置されている。

5	6
7	

5：大きな樹木の樹皮全体をコケが覆う。
6：森の庭の中心に大きな大きなシダ植物が生えていた。つくられた庭とは思えない。
7：根元までコケに覆われている。アーチのようになった部分だけコケがない。

ブラントウッドの情報
The Brantwood Trust Coniston Cumbria
LA21 8AD enquiries@brantwood.org.uk
Telephone: 015394 41396
Fax: 015394 41263
http://www.brantwood.org.uk/

ニュービーブリッジの森

　イギリスの湖水地方には湖がたくさんあり有名ですが、その周りにある小高い丘のような山も素敵です。この素敵な森の一つにニュービーブリッジの森があります。近くにはハーバースウェイト鉄道の駅もあり、昔懐かしい蒸気機関車が牽引している観光列車が走っています。

　森の中の道は道幅も広くなだらかなため、コケを観察しながら歩くのには最適です。道脇には小さな沢があり、水際の岩にはオーバーリーフペリアが生えていて、観察することができます。45分ほど歩くと左手に石垣で囲まれた広いヒツジの牧場があります。

　訪れた4月はヒツジの出産期でもあり、たくさんの子ヒツジを観ることができました。森の道に戻ると、そこにはコケの生えた根張りの凄い大きなオークがありました。

1：落ち葉の積もった地面から顔を出した岩にはコケが生え独特の雰囲気となる。
2：ゴツゴツとしたライムストーンをコケが覆いつくす。常に霧が出るような場所だからだろう。
3：地面を這う荒々しい根はコケむし、幾年もの時の流れを感じさせられる。

	1	
	2	4
	3	5

1：生まれたばかりの子ヒツジと母ヒツジ。子ヒツジはまだ黄色くへその緒が見える。
2：沢にかかるコケむした石の橋には小さな四角い穴が開いている。きっと昔家に使われていたのだろう。
3：石垣にモッコリしたコロニーのハリガネゴケの仲間が生えている。
4：樹木と石の隙間に何種類ものコケが混在して生えている。
5：岩の脇に生えるバンクヘアキャップ。雨に濡れた葉は先が外にカールする。

	1	
2	4	
3	5	

1：石垣の上1面にコツボゴケが生えている。明るい緑色の新葉が芽吹く。
2：石垣の窪みにハイゴケとシッポコツボゴケの仲間が一緒に生える。
3：日の当たらない湿った幹の根元にウェイブドシルクモスが生えている。
4：形のよい倒木にコケが生えている。これだけでも素敵なアートだ。
5：沢に浸かる岩にはオーバーリーフペリアが生えている。

ニュービーブリッジの情報
Newby Bridge, Cumbria.
Newby Bridge Halt (also known, historically, as Newby Bridge Platform) is a railway station on the Lakeside and Haverthwaite heritage railway.

89

シルバーデールの石垣

　イングランド北部のランカスターの北にシルバーデールはあります。小さな町には素敵な教会や、きれいな夕日を見ることができるライムストーンの丘があります。その丘では昔から、クリスマスイブに月明かりの下で、男性がプロポーズすると叶うという言い伝えがあるとか。シルバーデールにはライムストーンを組み上げてつくった石垣で囲まれているヒツジの牧場がたくさんあります。

　石垣にはたくさんの種類のコケやセダムの仲間、シダ植物が生えています。また、町の中にも自然保護地域があって、ワイルドガーリック（ギョウジャニンニク）やイングリッシュブルーベル、プリムローズ、ワイルドナルシサスが生えています。石垣の周りの小道を歩きコケや自然観察すると素敵な出会いがあるかもです。私はキジに出逢いました。

1：逆光の中、輝くイクビゴケの仲間。針状の葉がモサモサして可愛い。
2：自然保護地域には池もありガマの仲間が自生していた。

シルバーデールの情報
Silverdale, Lancashire
Silverdale is a village and civil parish within the City of Lancaster in Lancashire, England.

パート4

3：枯れ枝にラフストークトゥフェザーモスが
　　クリスマスツリーのように生えていた。
4：石垣に生えるマウステイルモスの仲間。色の
　　グラデーションとケバケバした形が凄い。
5：イワダレゴケの仲間が落ち葉の中に大きな
　　コロニーをつくっていた。
6：石垣の中は広大な牧場。白く小さくヒツジ
　　が見える。石垣の上段は石を立てつむ。

左ページ：
クレパスのように隙間があるライムストーン。深いところで2メートルにもなる。

パート4

1：切り出す際、はじめに筋を入れ、割り出しその後切りそろえた。今はコケが生え静かに眠っている。
2：かつての石切り場の跡。長方形や正方形に切り出された石がそのまま残っている。
3：ライムストーンの隙間にはスゲやコケが生える。深い割れ目にはシダ植物も生えている。
4：表面が風化しなんともいえない味のあるライムストーン。

ゲートバローズの石切り場

　イギリスの北部にあるシルバーデールにゲートバローズはあります。かつてゲートバローズはライムストーンの石切り場でした。地表一帯をライムストーンが覆っているため容易に石切りができたからです。

　しかし、今はライムストーンや植物の持ち出しは禁止されている自然保護地域になっています。保護地域にはいくつかのゲートがあ

り、そこから中に入ります。散策路は整備されているため歩きやすく、入ってすぐ足元や周りはシルバーグレーのライムストーンで囲まれます。

　そのライムストーンにはまるで氷河のクレパスのように隙間があるので、気をつけて歩かないと落ちそうになります。この隙間には自然の岩づけといった感じに、コケやスゲが

Gait Barrows

93

生えています。

　道を進むとかつての石切り場の跡があります。そこはまるで、アニメに出てくる天空の城ラピュタの世界が広がっています。そして、先へ歩きながら観察すると一つの大きな岩の上に、巨木が1本生えています。その姿は圧巻です。その周りにはコケの生えたライムストーンがあり、シルバーグレーとグリーンとのコントラストがきれいです。季節によっては、コケの中からイングリッシュブルーベルが一面に咲き誇るといいます。

ゲートバローズの情報
Gait Barrows
Silverdale Carnforth LA5 0JF
http://www.naturalengland.org.uk

5：倒木と生きた木々の縦と横の線の組み合わせが素敵だ。中央の陽を浴びたコケが美しい。
6：非常に大きなライムストーンの中から生える巨木。自然は凄い。
7：イワダレゴケの仲間やギボウシゴケの仲間に覆われたライムストーン。

95

イギリスのコケ図鑑

オーバーリーフペリア
Pellia epiphylla

日本に自生する近縁種はホソバミズゼニゴケで、イギリスの種類はミズゼニゴケ。イギリスでは沢にある石を覆うように生えていた。

クリーピングフィンガーワート
Lepidozia reptans

ムチゴケ科の日本のハイスギゴケと同一種。イギリスの気候の違いのためか、日本の同種よりやや小型であまり茎を伸ばさない。

コモンスムースキャップ
Atrichum undulatum

日本のナミガタタチゴケと同一種。見た目も生えている環境も日本とほぼ同じ。木の根元の周りや倒木と倒木の間などに群落をつくっていた。

バンクヘアキャップ
Polytrichastrum formosum

日本のオオスギゴケと同一種。鮮やかな緑色の針状の葉を放射状につける。茎の長さは12センチほどになる。大きな群落をつくる。

ラフストークトゥフェザーモス
Brachythecium rutabulum

日本のヒロハノフサゴケと同一種。葉は小さく黄色味の強い黄緑色で羽状につく。枯れ枝にツリー状につく姿をよく見る。胞子嚢は赤褐色。

コモンフェザーモス
Kindbergia praelonga

日本のナガナギゴケと同一種。優しい緑色で小さな葉が羽状につく。大きな群落となり林の淵に広がる。濡れた状態な艶があり美しい。

コモンタマリスクモス
Thuidum tamariscinum

日本のオオシノブゴケと同一種。イギリスでは平均気温が低く、ミストや霧が多いためコケにとって条件がよい。そのため日本の同種より大きい。

ウェイブドシルクモス
Plagiothecium undulatum

日本のミヤマサナダゴケと同一種。日本ではあまり見かけない。イギリスでは根元近くの幹に多く生えていた。枝先につれ葉が緑色から白色に変わる。

ビッグシャギーモス
Rhytidiadelphus triquetrus

日本のイワダレゴケと同一種。茎が赤いのが特徴的。細かな葉がモサモサとモール状に生える。茎の高さは8センチほど。茎から枝を垂直に伸ばす。

Part5

コケ栽培の基本 &
コケ庭のつくり方

コケ栽培の基本

コケの栽培方法はほかの草花と同じで季節によって違います。とくに水の与え方は外気温によって与える時間帯が変わります。また、高温多湿になる夏などはカビやバクテリアによって枯れたり傷んだりします。以下に季節ごとの作業注意点を記します。

春の作業

雪の下になっていたコケや、冬季に紅葉したり褐色になっていたコケがきれいな緑色に戻り、新芽が出る季節です。春一番など意外と風が多く、春は乾燥しやすい季節です。乾風により一日でシャリシャリになることもあります。

まだそんなに気温が高くならないため、見つけたときは、直ぐにたっぷり水を与えると喜びます。まだまだ日没後は気温が下がり、遅霜があります。水を与えるのは朝日の出後か夕方日没までにします。

夏の作業

梅雨に入ると高温多湿になります。コケの仮根近くで湿度が高いとカビやバクテリアが繁殖し、コケを傷めたり腐らせることがあります。もし傷んだところが500円玉くらいなら、その傷んだ個所のコケを仮根ごと取り除き、硬質赤玉土小粒を入れて周りのコケが生えてくるのを待ちます。

同じ種類のコケがあれば、取り除いた個所の大きさより少し小さめに切り、硬質赤玉土小粒の

林内のスギの切り株を覆いつくすように生えるカガミゴケ。

上に乗せて軽く手のひらで押します。また傷んだところが広範囲の場合は、ベンレートなどの園芸用殺菌剤を500倍にして散布すると、傷んだところの広がりが止まります。この作業を行うときは、なるべく日没近くの時間帯にしてください。

　見た目は少し悪いのですが、できれば梅雨明けするまでは乾かし気味に管理すると失敗がありません。梅雨明け後は朝から高温になります。水は日没後に与えます。終日日陰の苔庭は、気温が高い時間帯を除き与えても大丈夫です。

> 秋の作業

　暑さが一段落して涼しくなると、コケは新芽を出して生長し始めます。コケは屋外では春と秋に生長します。この時期、コケの植えつけや増殖に適しています。ビニール袋を敷いた育苗箱や、育苗カゴに細かく分けたコケを並べて栽培すると容易に増殖することができます。

> 冬の作業

　冬の乾風によりコケや用土が乾きます。コケは低温には強いのですが、細胞が壊れるほどの凍結では葉の縁が薄茶色になって枯れてしまいます。また霜柱が立った場合、コケは地面から仮根が浮き上がって剥がれてしまいます。雪で覆われる地域では問題ありませんが、あまり雪が降らない地域では霜除けシートなどで霜対策をします。

コケの手入れ

コケは暑いとゆだるので冷たい水をたっぷり与える。

薬剤散布するときは日没近くに行うこと。

❶ コケが傷んだら仮根ごと除く。

❷ 同じコケを穴より小さく取る。

❸ 赤玉土小粒を敷いた上に乗せる。

❹ 活着するには2～6ヶ月かかる。

防寒には園芸用シートか寒冷紗75%をかける。

コケの採集と処理

コケの採集方法

いろいろな場所にコケは生えています。コケが採集可能な場所か事前にリサーチしてから出かけましょう。種類と生えている場所により少し採取の方法は違いますが、一般的な種類の採取方法を説明します。採集する際は、必ず軍手をして行うこと。マダニ、ムカデ、アリ、ハネカクシがコケにいることがあるからです。

石垣や岩に生えているコケの採集は、石垣や岩肌に移植ゴテの先を当てて、ゆっくりコケを剥がすように採っていきます。そのとき、片手は手のひらでコケを覆うように押さえておきます。コロニー全体が剥がれたら終了です。

地面や落ち葉などが堆積した場所に生えているコケの採集は、移植ゴテをコケの仮根に添うように差し込みます。そしてなるべく仮根に土がつかないようしてすくい上げます。スナゴケなどのようにコロニーが崩れやすい種類は、コロニーを崩さないようにするため、移植ゴテを揺らしながらコロニーの下に差し込んですくい取ります。

採集したコケは不織布でできた水切りネットに1種類ずつ入れたあと、乾燥しないようにビニール袋に入れます。コケが傷まないように気をつけて持ち帰ってください。気温の高い夏の採集では、ビニール袋に入れたコケを発泡スチロールの箱に入れて持ち帰ります。採集は少しだけ、必要な

コケの採集

石を覆いつくすような大きなコロニーをつくるハイゴケ。

小型で丸く盛り上がったコロニーをつくるホソバオキナゴケ。

❶ 採集ゴテと水切りネット、ビニール袋、手袋。

❷ 石についたハイゴケの下からコテを入れる。

❸ あいた手でコロニーを崩さぬよう支える。

❹ 仮根に土をつけないように採る。

❺ 2つ折りにして水切りネットに入れる。

❻ さらにビニール袋に入れて持ち帰る。

❼ 切り株についたホソバオキナゴケを採る。

❽ ネットに入れビニール袋に入れて持ち帰る。

分だけにします。

採集したコケはなるべくその日のうちに処理します。翌日になるときは発泡スチロールの箱に入れて日陰に置きます。ビニール袋の口は必ず縛っておきます。

コケの処理方法

採集してきたコケを処理せずに育てることはできません。なぜならばコケの仮根には土やバクテリア、ミミズや昆虫の死骸など、またバクテリアが死んで腐敗した影響で、そのままにしておくとコケが腐って枯れてしまうからです。

枯らさないためにもコケについている土をできるだけきれいに落とします。シャワーで丁寧に洗い流して土のない状態にします。はじめに緑色のきれいな表面を勢いの強いシャワーで洗います。次にコケをひっくり返して仮根面を洗います。土が洗い流せたら再度表面を上にして流します。メッシュ版などにコケを挟んで洗うとコケのコロニーがあまり崩れません。

洗い終わったら、育苗箱などにビニールを敷き、その上にコケを並べて日陰で栽培します。水はたっぷりと与えます。しかし、残念ながら枯れるコケもあります。1週間観察し、大丈夫なコケだけを使います。

コケの手入れ

❶ 金網2つと台、ビニールを敷いたカゴ。

❷ ハイゴケの裏の仮根についた汚れを取る。

❸ コロニーを崩さないように金網にのせる

❹ その上に金網をかぶせてコケを挟む。

❺ 表と裏に強めにシャワーをかける。

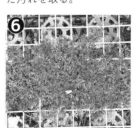

❻ きれいになったハイゴケの裏。

❼ ビニールを敷いたカゴにコケを置く。

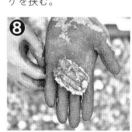

❽ 採集したホソバオキナゴケの裏。

❾ 根や木の皮などの汚れを取る。

❿ 1手に持ったまま表裏にシャワーをかける。

⓫ きれいになったホソバオキナゴケ。

⓬ 赤玉土小粒を入れた上にのせて管理する。

コケ庭のつくり方1

翠輝き、花開く秘密の苔庭

　ここでは本書の24ページに掲載した、長野県安曇野にあるラ・カスタガーデンにつくったコケの庭の作業工程を紹介します。植え込んだ山野草はアサギリソウ、白花アッツザクラ、アポイギキョウ、ウチョウラン、ウラハグサ、エゾリンドウ、オオミスミソウ、オトコエシ、オノエマンテマ、白花キキョウ、四季咲きコマクサ、センジュガンピ、ソバナ、タチジャコウソウ、トリアシショウマ、ノアザミ、ヒダカミセバヤ、ヒマラヤトラノオ、ヒメシャジン、フェスツカ、銅葉フジバカマ、ミシマサイコ、ヤナギラン、白花ヤマホロシなど。

❶ 造成前の庭。ラ・カスタガーデンのヒドゥンガーデンの奥でボタンが植えられている。南西向きで周囲を落葉高木に囲まれている。

❷ 植え込み材料。季節折々に花や実や色づく葉が楽しい山野草と枯れた味わいが楽しい流木、コケのついた石。

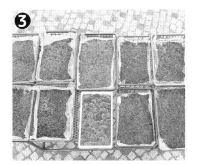

❸ 使用するコケ6種。カガミゴケ、クサゴケ、コツボゴケ、ハイゴケ、トヤマシノブゴケ、ホソバオキナゴケ。

❹ 植え込み用土と砂利。コケには赤玉土を混ぜ、酸性を好む植物には鹿沼土を加える。砂利は水洗いしておく。

❺ 不要な木や岩をはずし、きれいに掃除する。

❻ 植物の植え場所に赤玉土を入れてよくすき込む。

⑦ ロックガーデン用の石と流木を配置する。

⑧ 山野草のポットを置いて配置を決める。

⑨ 流木にウチョウランなど、その下に雪割草を配する。

⑩ バランスを考えてヤナギランをはずしてオシダを追加する。

⑪ 左奥の背の高いソバナから植え始める。

⑫ 次にロックガーデンの周りを植える。赤玉土を順次足しながら行う。

⑬ ロックガーデンの石組みの中心は砂利を入れて排水をよくする。

⑭ 赤玉土小粒と鹿沼土をよく混ぜて山野草を植え込んでいく。

⑮ 酸性を好む雪割草の場所には鹿沼土を追加する。

⑯ 次に流木の周りを植える。

⑰ 流木の裏にエゾリンドウを植える。

⑱ 石組みには水はね防止のための砂利を敷く。

パート5 コケ栽培の基本＆コケ庭のつくり方

流木のうろにウチョウランを植える準備。まず砂利を入れる。

さらにうろの中に赤玉土と鹿沼土を入れてよく混ぜる。

ウチョウランを植え、その株元を引き締めるためと上に日除けとしてウラハグサ（フウチソウ）を植える。

流木のうろにクサゴケやカガミゴケを植える。

うろに植えた野草の株を包み込むように植える。

裏の見えない部分にトヤマシノブゴケを敷く。

冬に山野草が枯れて表面が露出するので、見えないところにもコケを植える。

のっぺりしないようにところどころに砂利を入れ、赤玉土を薄く敷く。

日の当たるところに敷くのに適したハイゴケ。

コケの裏に根はない。

コケとコケとの境目は縁をより合わせて間に押し込む。

奥に敷き終わったら手前に敷く。

手前の縁のコケは境の石との間に押し込む。

中央部を残してコケの植えつけが完了。

中央部には沢に見立てて砂利を敷きつめる。こうするとこの上に乗ってあとの作業ができるので便利。

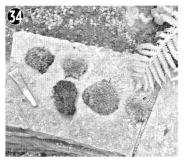
流木にコケを貼る方法。これはホソバオキナゴケ。

コケの裏に水に反応するシアノアクレリート系接着剤100%を塗る。

コケを流木につける。

コケを石に貼る方法。ホソバオキナゴケを水に濡らしてつけたい場所に置く。

水あとに接着剤をつけて、ホソバオキナゴケを乗せ押さえる。

植え込み完成。

冷たい水をたっぷりと与える。

1週間後、手前の日の当たる場所に植えたハイゴケが活着しないのでトヤマシノブゴケに替える。

これで本当に完成。日照など環境に対するコケの適性は、植えて活着するまでわからないこともある。

コケ庭のつくり方2
地元のコケと山野草を使った庭

　本書の26ページに掲載した新潟県柏崎市の素心園につくったコケの庭の作業工程を紹介します。植え込んだ山野草はアサギリソウ、ウケユリ、ウンナンショウマ、オオミスミソウ、カライトソウ、クガイソウ白花、コガラシギボウシ、斑入りジャコウソウ、タカノハススキ、タンナチダケサシ、ツリガネニンジン、斑入りテイカカズラ、トウテイラン、ナミキソウ、銅葉バイカツツジ、斑入りヒメウツギ、ヒメシャクナゲ'ブルーアイス'、白実マンリョウ、ミソハギ、斑入りリョウブ、ルリヤナギ。樹木はアカマツ、イロハモミジ、レンゲツツジ。

❶ 造成前の事務所前の資材置き場。置いてある石像や石塔、植えてある樹木までそのまま背景として利用。東を正面にする。

❷ 植え込み材料。風に揺れる風情が楽しめる丈高い山野草に白斑葉や青色葉のカラーリーフも。

❸ 新たに使用する樹木。イロハモミジとアカマツのどちらも鉢から抜いた根上がりで使う。

❹ 使用するコケ4種と石。シッポゴケ、スギゴケ、ハイゴケ、トヤマシノブゴケ。

❺ 地元の土は粘土砂質土で、特徴は水を含むと水はけと通気性が悪くなること。

❻ 水持ちと通気性を改良するために赤玉土小粒を混ぜる。

❼ 岩などとともに庭のアクセントになる流木。小さな野草を植えるうろのあるものがよい。

❽ アカマツとイロハモミジの位置を決めて枝配りをする。

❾ 地元の粘土砂質土を持ってきて山野草とコケを植える範囲に盛り上げる。

❿ 粘土砂質土だけでは水はけが悪いので、土壌を改良するために赤玉土小粒を投入する。

⓫ シャベルでよく混ぜ込んで全体に行き渡らす。

⓬ 岩の位置を決める。あとでこの上にのって作業できるような具合のいい位置に配する。

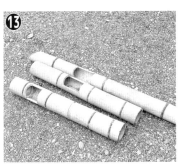
⓭ 孟宗竹を切って山野草を入れる花入れをつくる。

⓮ 竹を不ぞろいの高さに切って3つまとめてシュロ縄で縛る。

⓯ 竹の花入れと岩の位置を決める。

⓰ 流木の位置を決める。

⓱ 岩の下や横に石などを入れて動かないように固定する。

⓲ 花入れにアサギリソウの苗を置いて様子を見る。

右の岩の横に流木を置いて全体の配置を決める。奥のほうから山野草の苗を置いていく。

奥に入れる苗の位置が決まったら、角材を使って庭を囲う竹の位置と長さを決める。

竹を囲いの長さに切りそろえる。2つに割ったものと丸のままのものを使い分ける。

囲いの竹を留めるシバグシを竹の節を生かしてつくる。

庭の周囲を竹で囲い、シバグシで留めたら奥から順に苗を植える。

花入れから垂れ下がるように植えると見映えがする。

赤玉土を入れながら順次コケを植える。シッポゴケは手前に植える。

スギゴケとハイゴケの混ざったものは植物の近くに植える。

竹の花入れの隙間にはトヤマシノブゴケを入れる。

中央の部分を残してコケの植え込みが完了した。

草止めのための防草シートを中央の残った部分の大きさに合わせて切る。

シートを中央の形に沿って折り込みながら敷きつめる。

シートの上に石を置き、砂利を入れる。

砂利と石をならす。この上にのってあとでも作業ができる。水をたっぷりと与えて作業完了（右）。

パート5 コケ栽培の基本＆コケ庭のつくり方

簡単にできる小さな庭

竹囲いにシートを敷いて砂利を入れた小さな庭。根洗い株やコケ玉などを置いて簡単に楽しめる。

コケ庭のつくり方3

蓼科バラクライングリッシュガーデンの
コケを使ったテラコッタポット

　ここでは本書の30ページで紹介した、長野県蓼科高原にある蓼科バラクライングリッシュガーデンでつくった、コケを使ったテラコッタポットの作業工程を紹介します。ポットに使った植物は、ウグイスカグラ、イチイ、カラマツ、ノブドウ、ヤマアジサイ'藍姫（あいひめ）'、ナルコスゲ、オシダ、トヤマシノブゴケ、ホソバオキナゴケなどです。

　また、以前ガーデン内で使われていた朽ちた枕木、近くの森で見つけた流木を使い、蓼科の森を切り取ったようなテラコッタポットに仕上げました。植物の数をたくさん植えるより、少し空間をつくりコケを貼ると自然に見えます。

❶ 寄せ植え用培養土に水はけをよくするために硬質赤玉土中粒を加え混ぜる。

❷ ウグイスカグラを中央左に入れる。

❸ 中央右にイチイを、手前にノブドウを入れる。

❹ 朽ちて小さく割れていた枕木を入れる。

❺ 手前右にカラマツを入れる。

❻ ヤマアジサイ'藍姫'を入れる。藍姫のうしろにオシダを入れる。

⑦ ある程度植物が入ったら、ポットの縁まで用土を入れる。

⑧ 中央右枕木の間に流木を入れる。

⑨ 大体の植物が入れ終わったところ。

パート5 コケ栽培の基本＆コケ庭のつくり方

⑩ 右手前から、トヤマシノブゴケを乗せていく。

⑪ 左右にナルコスゲを入れる。

⑫ 枕木や流木の周りにはホソバオキナゴケを、用土が見えている部分にトヤマシノブゴケを乗せて、手の平で軽く押し当てる。枕木や流木に、ホソバオキナゴケをつけて完成。たっぷり何度かに分けて水を与える。

⑬ 28th バラクラフラワーショー寄せ植えの芸術展 出展作品。

⑭ 校長賞とゴールドメダルを受賞した。

コケ庭のつくり方4
レトロな人研ぎ流しにつくる小さなロックガーデン

　本書の28ページに掲載した、狭い場所あるいは庭がなくてもコケと山野草が楽しめる箱庭のつくり方を紹介します。使うのは昔の洗い場にあったコンクリートと砂利でつくった人造石の流しです。長方形の流しの右奥に岩を数個積み上げて深山の風情をつくり、手前の平面をコケで覆います。

　植え込む山野草と樹木はイワシャジン、イワヒバ、ウラハグサ、カンスゲ、実つきカンボク、タイワンホトトギス、タカノハススキ、トキワシノブ、斑入りクサヨシ、ハコネギク、フジバカマ、実つきマユミなど。

人造石の流し台は一度土を入れたら重くて動かせない。置き場所は背景なども含めて慎重に選ぶ。

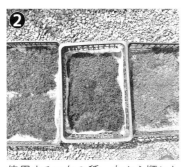

使用するコケ3種。左から順にトヤマシノブゴケ、コツボゴケ、ハイゴケ。

植え込み材料。垂れ下がったり、風になびく風情の美しいものを選んだ。

植え込み用土。硬質赤玉土小粒と中粒、粘着性のあるけと土を混ぜて岩を固定する。

溶岩数個を積み上げて岩山をつくりだす。

傍に置くだけで野趣あふれる雰囲気を演出する流木。

❼ 流し台の排水口を用土が流れ出さないように鉢底ネットを敷き、さらに砂利でふさぐ。

❽ 硬質赤玉土中粒を半分くらい入れる。

❾ 流し台の右奥には溶岩を積むので、右側には用土を入れずに空けておく。

❿ 形よくなるように溶岩数個を組んでいく。山野草を植えるための隙間をつくる。

⓫ 溶岩の隙間にウラハグサやカンスゲなど枝垂れる苗を置いて向きを調整する。

⓬ 溶岩の一番上にポイントとなるイワシャジンを置く位置を決める。

⓭ 下の平面の左後ろから苗の配置を決める。後ろには背の高いススキやマユミなどを。

⓮ 残りの部分の苗の配置を決める。手前には背の低いカンボクやホトトギスなどを配置。

⓯ クサヨシなど根の張ったものは短く切って整理しながら植えていく。

⓰ 硬質赤玉土に粘着性のあるけと土を入れる。

⓱ 水を少しずつ入れてよく混ぜ合わせる。

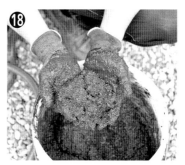
⓲ けと土と均一に混ざり粘り気が出てくる。少しゆるめにすると作業しやすい。

パート5 コケ栽培の基本＆コケ庭のつくり方

⑲ 残りの苗を植え込む。硬質赤玉土中粒を足しながら行う。

⑳ 後ろに植える苗は石を入れて固定するとよい。

㉑ 溶岩部を除いた平面部の山野草の植えつけが完了。

㉒ 硬質赤玉土中粒を追加する。

㉓ 溶岩をはずし、混ぜた接着用の土を入れる。

㉔ 溶岩の中まで用土を入れてしっかりとくっつけたら、イワシャジンなどの苗を植える。

㉕ 溶岩の下にも混ぜた用土を入れる。株元や隙間にイワヒバやトキワシノブを入れる。

㉖ 溶岩部への植えつけも終わり、山野草の植えつけが完了した。

㉗ 硬質赤玉土小粒を入れて奥を高く、手前を低くする。コケを植えるための水やりをする。

㉘ 手前からコケを植えていく。手前には水が溜まるので水の好きなコツボゴケを植える。

㉙ 縁との間にはみ出した部分を折り込むように入れる。

㉚ コツボゴケの側に植えるハイゴケ。

マット状に広がるハイゴケは広い面積を覆うのに適している。

トヤマシノブゴケは溶岩などの凸凹を覆うのに適している。

山野草の株の周りを包み込むように植える。

溶岩の上にもトヤマシノブゴケをかぶせるようにして植える。

けと土の粘着力によって岩にもコケが貼れる。

岩の隙間にも手を抜かないでコケを入れる。

作業完了。冷たい水をたっぷりと与える。

パート5　コケ栽培の基本＆コケ庭のつくり方

さまざまな環境に適応してたくましく生きるコケ

最近、いろいろなところできれいなガラスの瓶や器にコケを入れたものを見かけるようになりました。オフィスのデスクの上やリビングのテーブルの上に飾るのに丁度いいサイズなうえ、コケは基本的に常緑なので1年を通して緑を目にすることができます。

身近にコケを置くことで、コケの細部まで観察ができるようになると、ますますコケの不思議さに惹かれていきます。コケは地球上のあらゆるところに生えています。暑い熱帯雨林から極寒の極地まで、草も生えないような高山から低地の湿地帯、酸性の温泉にまで、また環境がよいとはいえない都会のアスファルトの隙間にまで、さまざまな環境に適応してたくましく生きています。

コケは世界中で約2万種あるといわれて、そのうちの約2千種が日本に自生しています。さまざまな環境に適応するために、それぞれの環境の数だけコケの種類があるともいえるでしょう。種類の多さに比べ、そのコケの体のつくりはとても単純で、自然に逆らわない方法でいろいろな環境を生き抜いてます。

コケは水中から地上に上がったはじめての植物といわれています。地上に上がると水の確保は容易なことではありません。コケには根も維管束もクチクラ層もないので、水は表面から取り込む構造になっています。そのため、乾燥時には抵抗せずに休眠し、雨が降ったら復活するという単純な方法で生きるようになったのでしょう。

また、コケの体は粉砕してまくとそこから新芽を出してクローン増殖します。これも単純なつくりならではのコケの特徴でしょう。単純でたくましいコケをもっと身近に楽しみましょう。

ウマスギゴケ

胞子体
胞子体は生長とともに周りの袋状のものを破り、切り取られた上部のものは帽となって胞子体の先端部を保護する。

胞子
胞子は乾燥に強く軽いので遠くまで運ばれることができる。さく歯は湿度によって開閉し胞子の散布を調整する。

さまざまな方法で増えるコケのライフスタイル

コケはどのようなライフスタイルなのでしょうか。蘚類のスギゴケの仲間を例に、簡単な図で表してみましょう。

まず、胞子が発芽し細胞分裂を繰り返しながら緑色の糸状の原糸体を形成します。原糸体は生長して枝分かれし、茎葉体の芽をたくさんつけます。配偶体はこの茎葉体と原糸体から成り立っています。配偶体は成長して茎の上に造精器と造卵器をつくります。同じ配偶体につくるものを雌雄同株、図のように別々の配偶体につくるものを雌雄異株といいます。

成熟した造精器から精子が水の力を利用して造卵器の卵に到達し受精します。受精卵は胚となり造卵器の中で分裂を繰り返し胞子体として生長します。生長した胞子体は先がふくらんで図のような先端にさくのあるコケの胞子体の形になります。このさくの中で減数分裂を行い胞子をつくっているのです。胞子が散布されるとまたこの繰り返しです。コケの胞子体は配偶体の上に共生して一生を終えることになります。

このほか、コケは無性芽によっても増殖します。無性芽からは、原糸体ができて生長し茎葉体の芽をつける場合と、直接茎葉体ができる場合があります。また、茎や葉などの一部が落ちて新しく茎葉体ができたりもします。これを利用してコケを粉砕してまき増やす方法が行われています。

このようにさまざまな方法でコケは増え続けているのです。胞子は乾燥に強く軽いので遠くまで飛ばされることができます。自分の環境に合うところならどこでも繁殖して多種多様な環境に適応できるように次々とたくさんの種類ができたのでしょう。これも環境に逆らわないコケならではの生命力です。

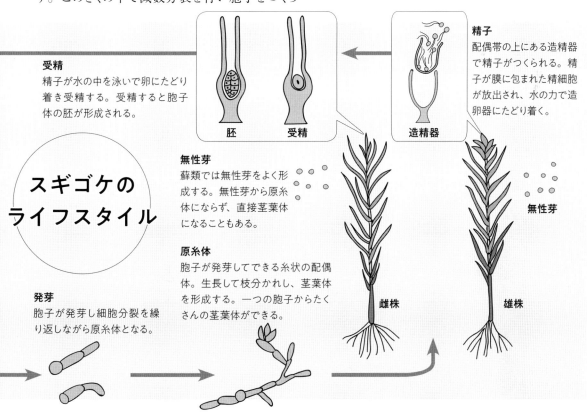

スギゴケのライフスタイル

受精
精子が水の中を泳いで卵にたどり着き受精する。受精すると胞子体の胚が形成される。

精子
配偶帯の上にある造精器で精子がつくられる。精子が膜に包まれた精細胞が放出され、水の力で造卵器にたどり着く。

無性芽
蘚類では無性芽をよく形成する。無性芽から原糸体にならず、直接茎葉体になることもある。

原糸体
胞子が発芽してできる糸状の配偶体。生長して枝分かれし、茎葉体を形成する。一つの胞子からたくさんの茎葉体ができる。

発芽
胞子が発芽し細胞分裂を繰り返しながら原糸体となる。

3つに分かれるコケの分類と異なる体の仕組み

　コケは大きく、蘚類(セン類)、苔類(タイ類)、角苔類(ツノゴケ類)の3つに分類されます。体のつくりは茎葉体と葉状体に分けられます。道管や師管からなる維管束や根はなく、仮根が、体を固定する働きをしています。したがって、コケは水分や養分の吸収を直接葉や茎の表面から行っています。

◎蘚類

　蘚類は3種類の中で日本では1番多く約1,100種が知られています。茎と葉の区別がはっきりしている茎葉体で直立性のものと匍匐性のものがあります。匍匐性の蘚類は主茎より短く、匍匐または斜上化します。匍匐するときは、全体的に扁平に枝分かれしています。葉には1〜2本の中肋があり、葉は単細胞層で中肋部分は多細胞層になっています。

　蘚類の仮根は多細胞です。造卵器や造精器は苞葉によって保護されています。直立性の蘚類は主茎の先端に1つの胞子体をつけ、匍匐性の蘚類は主茎の途中に複数の胞子体をつけます。胞子体はさく・さく柄・足からなり、成熟すると先端の蓋が外れ、さく歯が乾燥によって開閉運動を行い長期間胞子を放出します。

　胞子での繁殖のほかに無性芽による無性繁殖や、茎や葉の1部が落ちてそれが再生し繁殖することもあります。

◎苔類

　苔類は日本に約620種あります。苔類には茎葉体のウロコゴケ目、葉と茎の区別のない葉状体の、組織が文化していないフタマタゴケ目と分化しているゼニゴケ目があります。

　細胞に油体があり、仮根は単細胞です。葉状体の葉の腹面に粘液毛か腹鱗片があります。茎葉体の葉は2列の側葉と1列の腹葉が茎についています(腹葉がない仲間もあります)。胞子体は、さく・さく柄・足からなり成熟すると、さくの先端から4つに割れ胞子を弾糸等で遠くに瞬時に飛ばし、枯れてしまいます。

◎角苔類

　角苔類は日本に約20種あります。さくが牛の角のように棒状になることからこの名がついたようです。葉は葉状体でゼニゴケに似ていますが腹鱗片はありません。仮根は単細胞です。

　体には藍藻が共生するための腔所があり、共生しているときは青緑色に見えます。角状のさくの中心には軸中があり、成熟すると先端から2つに裂けて弾糸などで胞子を飛ばします。

　角苔類には藻類の特徴であるピレノイドや、維管束植物の胞子体に見られる分裂組織があり、体の仕組みは蘚苔類とはまったく違います。

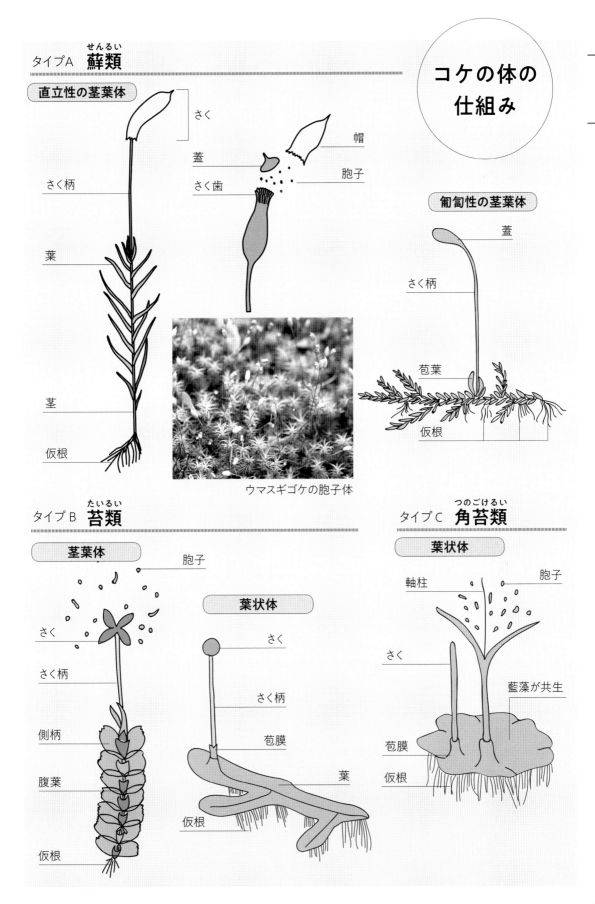

コケに関する悩みと疑問 Q&A

Q 近くの石垣に張りついているコケを採ってきました。地面に植えて育てることはできますか?

A 石垣に生えているコケはギンゴケやネジクチゴケなどといった乾燥が好きなコケが多いです。そのコケを水分のある地面に植えたら加湿になり茶色く変色して枯れてしまいます。地面には元々地面に生えている種類を植えましょう。

Q 東京の水道水はカルキがあるというのでバケツに汲んで日光消毒して使っています。汲み忘れたときは売っている飲料水をやってはだめですか?

A はいミネラルウオーターで大丈夫です。ただし、硬度の高いものは避けてください。カルシウム量の多い水を与えすぎると枯れてしまいます。

Q コケは住宅の木材には生えないのですか。

A なかなか生えてこないと思います。住宅用の木材は防カビ、防腐剤を塗布されたり染み込ませられているためです。庭などに長年放置され朽ちてきた木材ならば生えてくる可能性があります。

Q 夏場の水やりはどうすればよいですか?

A 日没後たっぷりと数回与えるのがよいやり方です。また、日中あまりに乾く場所では 10 時から 15 時までは避けてそれ以外の時間帯でサッと与え、日没後にたっぷりと数回与えます。

Q 早く元気に育てたいのですが、肥料を施せますか?

A コケに肥料は基本的には施しません。生産者が生長を早くするために施すことがありますが、リスクとして肥料負けし枯れてしまう可能性があります。

Q 夏の暑さは何度まで耐えられますか、冬の寒さは何度まで耐えられますか?

A 気温はマイナス 10 度くらいまでは耐えられる種類があります。ただし、霜柱や凍結により細胞が壊れたり地面から浮き上がったりすると、枯れてしまう可能性があります。

Q コケを植えたらどのくらいでつきますか?

A 種類により違いますが、早い種類では 2 ヶ月から遅くても 6 ヶ月ほどで活着します。

Q コケの上を裸足で歩いてみたいがよいでしょうか？

A 体重のある大人はコケを傷めてしまいます。ゆっくりと歩くのなら子どもなら大丈夫です。ただし、人工的に植栽した場合です。天然ではコケの隙間や下に尖った石やガラス、木の枝ハリガネやクギなどがあることもあり非常に危険です。

Q たくさん増やしたいのですが一般の家庭でできますか？

A コケは生長が遅い植物です。年単位でもあまり一気には増えません。もし庭一面に植えたいのであればはじめから隙間が開かないように植えてください。傷みが少なくきれいに育ちます。隙間があるとコケが生長する前に草などが生えてしまいきれいになりません。

ただ単にコケを増やすのであれば、育苗箱などに硬質赤玉土小粒を厚めに敷き、粉砕したコケをばらまくか、千切ったコケをばらまき寒冷紗をかけて管理します。1年ほどで箱いっぱいに広がります。

Q マンション住まいでベランダは夏34〜35度くらいになり暑いのでクーラーの利いた部屋の窓辺に置きたいのですが、いけないですか？

A 室内の窓辺は一年中危険です。室温が低くても、ガラス越しに入った光が、コケを入れたガラスに当たり温室のように器の中が温まり、コケが茹ってしまいます。室内で直接陽の当たらないテーブルに置いて楽しむのが一番です。

Q ベランダで栽培しているホソバオキナゴケの表面が白くなったり、茶色くなってきました、どうしたら元の緑に戻るのでしょうか？

A 夏は自生地でもチリチリになった状態や白くカサカサになったコケをよく見かけます。コケは乾燥していると休眠状態なためあまり体力を使わずにいられます。真夏の暑い気温は苦手なため夏にあまり濡れない場所を選び、秋から冬はコケを覆っていた木々の葉や草の葉が枯れてなくなるため雨が降り濡れて休眠状態から復活できる場所に生えています。

夏は自然界でもあまりきれいな状態ではないのでベランダのコケもそんなにきれいでなくても大丈夫です。また過剰な水の与え方は日中その水分が原因でコケが蒸れたり茹ったりして枯れます。日没後たっぷり水を与えるのがよいやり方です。

Q ガラスに入ったコケをもらいました。元気なので増やしたいのですがマンション住まいで可能ですか？

A 伸びた部分をハサミなどで切り、マヨネーズビンに硬質赤玉土小粒を入れて湿らせ、その上に切り取ったコケを並べ蓋を半開きに重ねて置くと2ヶ月くらいで伸び始めます。管理場所は元のガラスの器と同じ場所に置いてください。

パート5　コケ栽培の基本＆コケ庭のつくり方

コケの生産地リポート

　コケの生産は島根県や栃木県、神奈川県、新潟県など日本各地で行われています。今回は新潟県の柏崎市にあるコケ生産場を紹介します。26ページで紹介したコケと山野草の庭をつくった素心園では、造園、雪割草と古典植物の生産のほか、コケの生産もしています。

　コケの生産には稲作育成バットを使います。バットに育成用土を敷き、粉砕した種ゴケをまきます。種類によって半年から2年栽培し出荷しています。生産しているコケの種類は、スギゴケ、シッポゴケ、トヤマシノブゴケ、ハイゴケ、ホソバオキナゴケ、エゾスナゴケ、コツボゴケなど。

　種類ごとによく育つ場所を研究し、水持ちのよい田んぼの上や風通しのよい雑木林の中、夏場気温が低く空中湿度のある用水路の斜面など、栽培環境をコケに合わせ、最も美しい状態が保てるように気をつけながら育成しています。

　コケ栽培で特に気をつけていることは、コケにクモノスカビが繁殖すると瞬く間にコケを覆いつくしてしまうので、黄色く変色したらなるべく早く取り除き、殺菌剤を散布することだそうです。

遮光ネットをかけた素心園のコケ栽培場。コケの好む光の条件とともにある程度の通風も必要。

ネットをめくるとコケが現れる。育成バットは地面ではなく波板の上にのっている。

コケの種類によって生育の度合いが違う。

スギゴケ

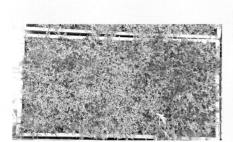
コツボゴケ

ホソバオキナゴケ

ナツツバキの樹下にある傾斜地の栽培場。

素心園園主の三宮順次さん。

パート5　コケ栽培の基本＆コケ庭のつくり方

コケ販売ガイド

コケは今では大型園芸店やホームセンターなどで取り扱われるようになり、ネットショッピングでも手軽に買えるようになりました。ここでは著者と編集部おすすめの店と通信販売業者を紹介します。

苔の専門販売 モス・ファーム
コケ生産販売35年の老舗で関連グッズも豊富。ネットショップのみの通信販売専門で店舗はない。詳しくはホームページ参照。
TEL.：0544-58-8527
http://mossfarm.jp/

名東水園 リミックス
名古屋インター店
ペット関連の専門店だがコケも取り扱っている。
〒480-1144 愛知県長久手市熊田506
TEL.：0561-65-5791
http://remix-net.co.jp/
春日井店
〒486-0905 愛知県春日井市稲口町1-12-4
TEL.：0568-35-7147

素心園
コケと雪割草の販売とコケを使った素敵な庭を造園。
〒949-4128 新潟県柏崎市西山町伊毛1362-2
TEL.：0257-47-3661
http://soshinen.com/

本書で紹介したコケの庭ガイド

桜井甘精堂・泉石亭
老舗栗菓子店に隣接した食事処の庭で小布施町のオープンガーデンに参加している。庭の通路から観ることができるが、雪のある時期は店内からの観賞のみ。
〒381-0298 長野県上高井郡小布施町大字小布施中町779
TEL.：026-247-5166
https://kanseido.co.jp/shop/senseki/

modern 湯治 おんりーゆー
30ページで紹介したモダン湯治スタイルの日帰り温泉リゾートで宿泊施設もある。地元野菜を使ったヘルシーな創作料理のビュッフェタイプレストランも人気。
〒250-0121 神奈川県南足柄市広町1520-1
TEL.：0465-72-1126
http://ashigara-only-you.com

ラ・カスタ　ナチュラル ヒーリング ガーデン
24ページで紹介したバラと季節の草花や花木を楽しむことができる庭。開園は4月下旬から11月上旬。来園は事前予約制・有料。毎週水曜日、祝日の場合は翌日休園。
〒398-0004 長野県大町市常盤9729-2
TEL.：0261-23-3911
http://alpenrose.co.jp/garden/

蓼科バラクラ イングリッシュガーデン
30ページで紹介したコケを使ったテラコッタポット寄せ植えのある本格的英国庭園。バラを中心に四季折々の庭が楽しめる。園芸講習会ほか各種イベントが盛りだくさん。年中無休・入園有料。
〒391-0301 長野県茅野市北山栗平5047
TEL.：0266-77-2019
http://barakura.co.jp/

コケの観察ができる場所 （★は問い合わせ先）

青森県十和田市十和田湖畔
十和田八幡平国立公園
★十和田湖国立公園協会
TEL.：0176-75-2425
奥入瀬渓谷沿いにコケ散歩を楽しむ。アオハイゴ
ケ、タニゴケなど。

岩手県唐丹町上荒川
熊野川上流
★釜石市産業振興部商業観光課観光おもてなし係
TEL.：0193-27-8421
清流の上流でコケと出会う。アオハイゴケ、コツボ
ゴケなど。

秋田県にかほ市象潟町
獅子ヶ鼻湿原
★にかほ市観光協会
TEL.：0184-43-6608
湧水地に広がる湿原に貴重なヒラウロコゴケ、ハ
ンデルソロイゴケなど。樹齢300年のブナ「あが
りこ大王」も。

群馬県草津町
志賀草津高原ルート
★草津温泉観光協会
TEL.：0279-88-0800
カモジゴケ、シモフリゴケなどが観察できる。
2018年10月現在、殺生ゲートの先は白根山噴火
のため通行止め。

群馬県中之条町
チャツボミゴケ公園
TEL.：0279-95-5111
74ページで紹介した鉄鉱山の採鉱跡に広がるチャ
ツボミゴケは圧巻。入園有料。

群馬県吾妻郡嬬恋村
鬼押出し園
TEL.：0279-86-4141
浅間山噴火で流れた溶岩が広がる観光名所。ヒカ
リゴケ、シモフリゴケなど。入園有料。

神奈川県足柄下郡箱根町
箱根美術館
TEL.：0460-82-2623
コケ120種類以上が密生する圧巻の苔庭。入館
有料。

長野県北佐久郡軽井沢町
白糸の滝
★軽井沢観光会館
TEL.：0267-42-5538
滝に打たれて鮮緑色に輝くホソバミズゼニゴケ、ミ
ズシダゴケなど。

長野県北南佐久郡佐久穂町
白駒の池
★佐久穂町観光協会
TEL.：0267-88-3956
北八ヶ岳の原生林内の池の周りに広がるクロゴケ、
ケチョウチンゴケなど。

石川県小松市日用町
叡智の杜 苔の里
★石川県観光連盟
TEL.：076-201-8110
杉の美林に囲まれたコケの里。カモジゴケ、スギゴ
ケなど。

岡山県新見市草間
羅生門ドリーネ
★新見市役所産業部商工観光課
TEL.：0867-72-6136
高さ40mの石灰岩の巨大アーチ。サガリヒツジゴ
ケ、セイナンヒラゴケなど。

京都府京都市西京区
西芳寺
TEL.：075-391-3631
苔寺といえばここ。カモジゴケ、ヒノキゴケなど。

鹿児島県屋久島町
白谷雲水峡
★屋久島町役場商工観光課
TEL.：0997-43-5900
原始の森に広がるオオミズゴケ、ムクムクゴケなど。

沖縄県八重山郡竹富町
西表島横断道
★西表島観光センター
TEL.：0980-82-9836
亜熱帯林に生えるイリオモテウロコゼニゴケ、ケミ
ドリゼニゴケなど。

パート5　コケ栽培の基本＆コケ庭のつくり方

※2022年2月現在。諸般の状況に鑑み、各店舗、施設を利用する際は、事前にHPなどでご確認ください。

コケ図鑑索引

（太文字は項目名・細文字は別名　96 ページのイギリスの図鑑を含む）

【ア行】

アソシノブゴケ（トヤマシノブゴケ）……… 41
アップルモス（タマゴケ）……………… 33
アラハシラガゴケ ……………… 36
イワダレゴケ（ビッグシャギーモス）…… 96
ウィローモス（クロカワゴケ）………… 59
エゾスナゴケ ……………… 40
ウェイブドシルクモス ……………… 96
ウマスギゴケ ……………… 51
オオシッポゴケ ……………… 49
オオシノブゴケ（コモンタマリスクモス）… 96
オオスギゴケ（バンクヘアキャップ）…… 96
オーバーリーフペリア ……………… 96

カ行】

カガミゴケ ……………… 37
カマサワゴケ ……………… 34
カモジゴケ ……………… 47
キブリナギゴケ ……………… 67
クリーピングフィンガーワート ……… 96
クロカワゴケ ……………… 59
ケチョウチンゴケ ……………… 44
コスギゴケ ……………… 53
コツボゴケ ……………… 43
コバノチョウチンゴケ ……………… 46
コモンスムースキャップ ……………… 96
コモンタマリスクモス ……………… 96
コモンフェザーモス ……………… 96

【サ行】

シシゴケ ……………… 50
シッポゴケ ……………… 48
ジャゴケ ……………… 61
セイタカスギゴケ ……………… 52

【タ行】

タマゴケ ……………… 33
ツルチョウチンゴケ ……………… 45
トヤマシノブゴケ ……………… 41

【ナ行】

ナガナギゴケ（コモンフェザーモス） …… 96
ナガヒツジゴケ ……………… 38
ナミガタタチゴケ ……………… 54
ナミガタタチゴケ
　　（コモンムースキャップ）……………… 96
ネズミノオゴケ ……………… 58

【ハ行】

ハイゴケ ……………… 39
ハイスギゴケ
　　（クリーピングフィンガーワート）…… 96
バンクヘアキャップ ……………… 96
ヒジキゴケ ……………… 42
ビッグシャギーモス ……………… 96
ヒロハノフサゴケ
　　（ラフストークトゥフェザーモス）…… 96
フジノマンネングサ ……………… 56
ホソバオキナゴケ ……………… 35
ホソバミズゴケ ……………… 60
ホソバミズゼニゴケ ……………… 57
ホソホウオウゴケ ……………… 55

【マ行】

ミズゼニゴケ（オーバーリーフペリア）…… 96
ミヤマサナダゴケ（ウェイブシルクモス）… 96

【ラ行】

ラフストークトゥフェザーモス…………… 96

あとがき

　私は幼年期、少年期とずっと祖父が父親がわりでした。祖父の趣味である盆栽、山野草の栽培、魚の飼育、釣りなどを一緒に見たり触れたりしていたため、いつしか私も興味を持ち、ひとりで植木市に行って盆栽や山野草を買ったり、山野で採取した植物を栽培するようになりました。コケもその頃から、盆栽に使うコケを祖父と一緒に採取し、栽培し始めました。

　こうして今ではコケや雪割草、山野草の研究をし、執筆させていただけるまでになりました。これもすべて周りの方々の支えがあったからこそと感謝の気持ちでいっぱいです。ずっと応援し何かあると助けてくれている母には何時も感謝しています。

　そして今、この本が出来上がろうとしています。今回、執筆させていただいたコケの庭は、苔寺などにある苔庭ではなく、山に行くと見られるコケと山野草が生えている癒しの風景のひとつです。山に行き、コケと山野草の自然での組み合わせを観察研究し学んだことを、庭というスタイルに変えて再現しました。皆様のご家庭での苔庭づくりのお手伝いの一端になれば幸いです。

　この本を執筆するにあたり大変お世話になりました三宮順次様、山下尚子様、Yukari 様、中山一様、Ms. Angela Unsworth、Ms. Frances Garne、Ms. Anne Porter、Ms. Glenn Shapiro、Ms. Frances& Mr. Jeorge Whally、Mr. Christopher Sanders、Mr. John Massey　本当にありがとうございました。

2018 年初秋

【参考文献】
・『フィールド図鑑 コケ』（東海大学出版会）
・『野外観察ハンドブック 校庭のコケ』（全国農村教育協会）
・『コケ図鑑』藤井久子（一般財団法人 家の光協会）
・『Guide to mosses and liverworts of woodlands』Martin Godfrey（FSC）
・『苔の本』大野好弘（株式会社 グラフィス）

撮影：林 桂多（講談社写真部）
　　　大野好弘（パート２・４すべて、パート１・３・５一部）
　　　Yukari（パート５一部）
写真提供：山下尚子（ラ・カスタガーデン）
　　　三宮順次（素心園）
撮影協力：桜井甘精堂
　　　三宮順次
　　　石川薬局
　　　高橋良仁（造園 庭良）
　　　蓼科バラクライングリッシュガーデン
　　　畠 弥真人（藍庭）
　　　古川眞一
　　　前島光恵
　　　modern 湯治 おんりーゆー
　　　ラ・カスタガーデン
デザイン・装丁：(株) アスコット 高崎よしみ

著者プロフィール
大野 好弘（おおの よしひろ）

園芸研究家。1973年神奈川県生まれ。幼少より植物が身近にある環境にあり、さまざまな山野草やコケの育種を手がけ、特に雪割草の育種研究は30年以上の経験を持つ。現在、世界の雪割草を研究するため、ワールドヘパティカラボラトリーを立ち上げ、大学との共同研究を行っている。また、ビンの中でコケを栽培しインテリアとして楽しむコケリウムの講師として、大学や各地のカルチャーセンターで活躍中。コケや山野草を配した庭のデザイン施工も行っている。そのほか、プロのアクアリストとして陰日性サンゴの研究を行い水槽内での累代飼育法を初めて確立した。著書に「ザ・陰日性サンゴ」(誠文堂新光社)、「雪割草の世界」(エムピージェー)、「苔の本」(グラフィス)がある。「NHK趣味の園芸」では山野草の今月の管理・作業を毎月執筆、「園芸JAPAN」では雪割草の世界を連載中。

コケを楽しむ庭づくり
豊富な植栽例と植えつけの実際、美しく保つコツ

2018年11月12日　第1刷発行
2022年　2月14日　第2刷発行

著　者	大野好弘
発行者	鈴木章一
発行所	株式会社講談社
	〒112-8001　東京都文京区音羽2-12-21
	販売　TEL.03-5395-3606
	業務　TEL.03-5395-3615
編　集	株式会社講談社エディトリアル
代　表	堺 公江
	〒112-0013　東京都文京区音羽1-17-18 護国寺SIAビル6F
	TEL.03-5319-2171
印刷所	大日本印刷株式会社
製本所	大口製本印刷株式会社

KODANSHA

定価はカバーに表示してあります。
落丁本、乱丁本は購入書店名を明記のうえ、講談社業務宛にお送りください。
送料小社負担にてお取り替えいたします。
なお、この本の内容についてのお問い合わせは講談社エディトリアル宛にお願いします。
本書のコピー、スキャン、デジタル化等の無断複製は、著作権法上での例外を除き禁じられています。
本書を代行業者等の第三者に依頼してスキャンやデジタル化することは、たとえ個人や家庭内の利用でも著作権法違反です。

N.D.C.620　127p　21cm
© Yoshihiro Ohno 2018
Printed in Japan
ISBN978-4-06-513738-3